I0147742

ORALE

ET

IDÉALISME

THÈSE POUR LE DOCTORAT

PRÉSENTÉE A LA FACULTÉ DES LETTRES DE PARIS

PAR

G. LEFÈVRE

Ancien Élève de la Faculté des lettres de Lille,
Agrégé de philosophie. Licencié en droit.
Professeur de philosophie au Lycée de Laon.

« τοῦ διανοητιχοῦ χάριν, ὅπερ ἕχαστος
εἶναι δοχεῖ »

(Aristote. Éth. à Nicomaque, l. IX, c. IV, 3.)

———

PARIS

ANCIENNE LIBRAIRIE GERMER BAILLIÈRE ET Cⁱᵉ

FÉLIX ALCAN, ÉDITEUR

108, BOULEVARD SAINT-GERMAIN, 108

—

1894

OBLIGATION MORALE

ET

IDÉALISME

8° R
12253

OBLIGATION MORALE

ET

IDÉALISME

THÈSE POUR LE DOCTORAT

PRÉSENTÉE A LA FACULTÉ DES LETTRES DE PARIS

PAR

G. LEFÈVRE

Ancien élève de la Faculté des lettres de Lille,
Agrégé de philosophie, Licencié en droit,
Professeur de philosophie au Lycée de Laon.

« τοῦ διανοητικοῦ χάριν, ὅπερ ἕκαστος
εἶναι δοκεῖ »

Aristote. *Eth. à Nicomaque.* l. IX, c. IV, 3.

ANCIENNE LIBRAIRIE GERMER BAILLIÈRE ET Cⁱᵉ

FÉLIX ALCAN, ÉDITEUR

108, BOULEVARD SAINT-GERMAIN, 108

1894

Monsieur A. PENJON

PROFESSEUR A LA FACULTÉ DES LETTRES DE LILLE

Témoignage de respect et de reconnaissance.

G. L.

OBLIGATION MORALE

ET

IDÉALISME

I

Objet de ce travail. — On n'y démontrera pas les principes.
On n'y fera voir que des liaisons de concepts.

On nous accuserait à bon droit de témérité, si
nous prétendions apporter une démonstration nouvelle de l'idéalisme ou des preuves originales en
faveur de l'obligation morale. A le tenter, nous ne
croirions pas seulement trop présumer de nos
forces, nous craindrions encore d'aller au-devant
de difficultés que de plus habiles n'ont pas pu sur-
monter.

Toute argumentation suppose, en effet, des principes auxquels on se réfère au moins tacitement ; et
quelque temps qu'on ait mis à le reconnaître, il
faut toujours finir par avouer qu'on n'a pas tout
démontré. Or, si l'on doit tôt ou tard, et, sous peine
de s'être incomplètement compris soi-même, s'ar-

rêter devant quelque proposition que l'on tient pour
assurée et que l'on sait enfin irréductible, pourquoi
ne pas prendre parti tout de suite et de bonne
grâce ? On y gagnerait de parler plus clairement et
l'on s'épargnerait d'inutiles essais de justification.

Pour obtenir l'adhésion de l'esprit à un principe,
à une proposition qu'il ne saurait admettre sans
accepter du même coup tout un système de vérités
subordonnées, toute une explication des choses, ce
serait peu d'alléguer les conséquences elles-mêmes.

Ainsi en jugera quiconque répugne au cercle
vicieux. Mais, parce qu'il serait contradictoire de
demander au raisonnement les titres de créance du
principe, faut-il renoncer absolument à les découvrir ? En quoi serait-il illégitime d'amener l'esprit
à voir la vérité du principe, dût-on pour cela le
conduire par quelques détours ? Les sceptiques
étaient obligés, semble-t-il, par leur doctrine même,
de renoncer à faire école. Ils ne croyaient pas cependant s'écarter de l'attitude qui leur convenait, en
racontant à d'autres leur propre histoire, pour les
acheminer vers le doute.

Il ne nous sera pas davantage interdit de travailler à faire naître ou à fortifier dans les âmes la
foi en deux vérités qui sont pour nous certaines.
L'artifice auquel nous aurons recours pour y parvenir sera des plus simples. Établir que de l'une de

ces vérités on est nécessairement conduit à l'autre, tel est l'unique moyen sur lequel nous comptons pour les faire adopter l'une et l'autre. La tâche que nous nous sommes assignée est donc bien définie. Nous voulons simplement montrer des liaisons de concepts, faire voir quelles conséquences se déduisent forcément de certaines thèses.

Si l'on analyse l'idée même d'une morale, on constate que l'obligation ne se justifie, ou mieux, ne se comprend, que dans l'idéalisme et que toute autre philosophie compromet la moralité.

Réciproquement, nous ne pouvons échapper au doûte qu'en acceptant l'idéalisme. Mais, par là, le savoir repose sur le devoir et c'est sur une vérité morale seule que cette doctrine peut se fonder.

Telles sont les deux propositions que nous voudrions établir. Le succès de cette double déduction nous autoriserait à dire que ce qui légitime la spéculation est aussi ce qui justifie l'action et à unir comme inséparables l'obligation morale et l'idéalisme.

« Mais, dira-t-on, il n'y a pas de certitude, partant nous n'avons que faire de l'idéalisme, » ou encore, « il n'y a pas de devoir; dès lors, il est superflu d'en rechercher les conditions ».

Nous avouons n'avoir répondu ni à l'une ni à l'autre de ces objections. Mais à ceux qui admettent la certitude nous disons : « Vous êtes idéalistes, vous croyez au bien, à l'obligation. » A ceux qui ne doutent pas du devoir nous disons : « Vous avez foi à la vérité, il y a pour vous une certitude ; vous êtes idéalistes. »

Les uns et les autres sont peut-être encore assez nombreux pour qu'il ne soit pas inutile de leur adresser la parole et pour qu'on nous excuse de l'avoir fait dans un langage approprié à la simplicité de leurs idées et des nôtres.

Quant à ceux qui rejetteraient également les deux hypothèses, si nous n'avons ni pu, ni voulu les convaincre, nous nous estimerons encore trop heureux, pourvu que nous les ayons simplement inclinés à admettre l'existence de la vérité et du devoir.

Enfin si le sens des termes dont nous nous sommes servis : obligation et idéalisme, ne paraît pas assez clair, la suite de ce travail en marquera plus exactement la portée.

II

L'obligation morale et l'idéalisme sont inséparables. — L'autorité du devoir n'est assurée que si tout se ramène à la pensée. — Réciproquement, la certitude n'est garantie que par l'entière intelligibilité des choses et l'idéalisme implique le devoir.

On n'a point coutume de nier la distinction du bien et du mal. La plupart des philosophes semblent l'avoir admise, sauf à l'expliquer chacun à sa manière. L'étude critique des divers systèmes de morale serait même une œuvre fort longue et fort délicate. Ce n'est pas ce travail que nous allons entreprendre ici.

Nous voudrions étudier théoriquement le problème moral et montrer que quiconque croit au devoir et considère l'homme comme tenu de faire le bien résout par là même le problème métaphysique dans un sens favorable à l'idéalisme. Nous ne prétendons pas qu'il soit interdit de s'occuper de la conduite de l'homme et de parler de ses actes dans toute autre hypothèse philosophique, mais notre but serait atteint si nous réussissions à prouver qu'il n'y a plus d'obligation, partant, croyons-nous, plus de moralité, dès que l'on cherche autre part que dans l'intelligence la raison dernière de tout ce qui existe et de tout ce qui se fait. Analysant le principe même de la distinction entre ce qu'il faut faire et ce qu'il ne faut pas faire, nous nous attacherons à mettre en lumière tout ce qu'implique l'adoption d'un semblable principe.

Si l'on s'étonne que nous ne répondions pas d'abord à ceux qui nieraient la différence entre le bien et le mal, nous ferons remarquer qu'il en est du scepticisme moral comme du scepticisme spéculatif. On ne réfute ni l'un ni l'autre. Vouloir établir la légitimité de la science, rechercher les conditions de la certitude, c'est déjà croire qu'une connaissance peut être certaine, c'est-à-dire, tout en doutant peut-être encore, avoir cessé d'être sceptique.

De même, on ne démontre pas le devoir ; car l'idée que tous les actes ne se valent pas, que certains l'emportent sur d'autres, idée toujours impliquée dans les raisons que l'on apporterait, ne se distingue pas au fond de cette notion de l'obligation morale qu'elle servirait à garantir. Cette ressemblance entre le problème moral et la question de la certitude va même nous permettre d'exposer plus complètement notre dessein..

Partant de la certitude et de la science comme

de choses incontestées, les métaphysiciens idéalistes ont cru trouver dans l'analyse des conditions du savoir la méthode la plus sûre pour établir leur doctrine. Ils ont dégagé de l'expérience les éléments à priori qu'elle recèle. Ils ont déclaré que non seulement l'esprit apporte quelque chose dans la connaissance, mais qu'il y met tout ce qui s'y trouve. Car, disent-ils, comment peut-on, dès qu'on croit à la science, laisser subsister quelque chose hors de la pensée ? Ne voit-on pas que tout ce qui est étranger à l'esprit est pour lui comme s'il n'était pas ; que tout ce qui échappe à la pensée est un élément qu'on ne peut plus calculer et dont pourtant il faudrait tenir compte si l'on voulait se représenter exactement la réalité ? Dès lors, que valent nos prévisions, que vaut même notre expérience actuelle, si une partie des choses, la plus importante peut-être, nous demeure cachée ? La certitude n'est assurée que si l'inconnu est tout à fait éliminé, que si hors de l'esprit il n'y a rien. Le sort de la science et celui de l'idéalisme sont logiquement liés.

Ce que les métaphysiciens idéalistes ont fait, avec succès selon nous, à propos de la science, nous voulons tenter de le faire à propos de la moralité. Partant de la distinction du bien et du mal comme d'une chose accordée, nous essaierons de

prouver que cette distinction est inexplicable avec
le seul secours de l'expérience et qu'elle a son
fondement dans une loi de l'esprit. Mais ce n'est
pas assez de rejeter les solutions empiriques du
problème moral. Nous nous efforcerons de prouver
qu'en conservant, sous quelque nom que ce soit,
des réalités étrangères à la pensée, on travaille,
sans le vouloir peut-être, à ruiner l'autorité du
devoir et à détruire la distinction du bien et du
mal. Le seul moyen de sauver l'obligation consiste à rejeter toute existence indépendante de
celle de l'esprit. En effet, si le fond des choses
nous reste inconnu, l'ordre moral est à bon droit
sans cesse remis en question. Sommes-nous vraiment dans le devoir, dans l'accomplissement du
bien lorsque nous nous croyons le plus assurés d'y
être? Il n'est plus permis de l'affirmer, si la connaissance n'épuise pas l'être. Si la nature intime
des choses échappe à nos prises, l'ordre de la perfection peut, aussi bien que l'ordre physique, être
à chaque instant bouleversé. L'acte le plus méri-
toire serait en fait aussi entièrement dépourvu de
valeur que le raisonnement le plus rigoureux l'est,
aux yeux du sceptique, de certitude objective. Le
devoir n'est indiscutable que si l'inconnu est absolument éliminé. Ce ne serait donc pas seulement
le sort de la science, ce serait aussi le sort de la

moralité qui serait logiquement lié à celui de l'idéalisme.

Il l'est encore d'une autre manière et, par une voie différente, nous sommes encore ramenés aux mêmes conclusions. Point de devoir sans certitude, avons-nous dit. Mais la réciproque est vraie et la distinction du bien et du mal est, en un sens, la condition de tout savoir.

Dans l'ordre purement naturel, tous les faits sont équivalents, ou plutôt l'idée de valeur est complètement absente. La science positive ne connaît point de finalité et proscrit même comme inutile la détermination d'une hiérarchie. Tout ce qu'elle tolère, c'est que l'on parle de fréquence plus grande de certains faits, mais sans qu'il soit permis d'y voir une marque de prépondérance qui serait d'ailleurs inintelligible.

Rien n'est, au point de vue de l'observation, plus légitime qu'une telle conception des choses. Mais si le droit comme l'intérêt de la science sont d'envisager les faits sous cet aspect, il ne nous sera pas interdit pour cela de nous demander à quelles conditions la science elle-même existe et quels titres elle peut faire valoir pour s'imposer à notre créance. Or, c'est ici que les choses ne peuvent plus nous apparaître comme étant uniquement l'objet de l'expérience. Il faut bien, ou la science

est illusoire, que la connaissance de la nature ne
soit pas elle-même pure nature. Il faut qu'il y ait
en nous quelque autre fonction que l'enregistre-
ment des faits, et sans cela, cette dernière opéra-
tion elle-même ne serait pas possible. En un mot,
quiconque accorde à la science une valeur est
contraint de recourir à d'autres facteurs que les
faits pour la légitimer. Mais admettre que la
nature ne peut être connue, comme aussi elle ne
peut exister, que rattachée à quelque chose qui la
dépasse et qui (sans cesser d'être unie à elle,
puisqu'elle est de la nature la connaissance même
et l'idée) toujours et de plus en plus la relève et
l'oblige à se dépasser elle-même, n'est-ce pas
affirmer qu'il y a une hiérarchie nécessaire des
êtres et que la distinction du bien et du mal est de
toutes manières inévitable? Ainsi se retrouverait
à la base même de la science une vérité morale et
l'existence du savoir serait, à soi seul, une preuve
de l'autorité du devoir.

Le cercle est parcouru. Si l'homme a des
devoirs, il faut qu'il ait la science, et rien n'est
que par l'esprit. S'il y a une science, c'est que tout
puise la vie dans la Pensée et l'homme a des
devoirs. La morale est fondée.

————

PREMIÈRE PARTIE

III

L'action humaine semble exiger la distinction du bien et du mal. — Si ce n'est là qu'une apparence trompeuse, il faut avoir le courage de l'avouer.

Tandis que les changements qui se produisent dans les choses semblent résulter exclusivement de ce qui a été et s'effectuer d'une manière aveugle, les actes humains proprement dits paraissent être prémédités en vue de ce qui sera. On peut exprimer la même pensée, en disant que, les choses n'existant pas pour elles-mêmes, l'homme au contraire existe pour soi et se voit ayant été, étant et devant être.

Que sera-t-il ? c'est ce qu'il doit se demander à chaque instant. Mais s'il se bornait à constater qu'il va passer de tel état à tel autre, cette sorte d'anticipation des faits n'empêcherait pas les modifications qu'il subira tout à l'heure de s'opérer

d'une façon mécanique et comme d'elles-mêmes.
Tout autre est le caractère de la question que
l'homme se pose avant d'agir. Il ne se dit pas simplement « que serai-je ? que deviendrai-je ? » mais
bien « que ferai-je ? » c'est-à-dire « quelle manière
d'être choisirai-je ? »

En se parlant ainsi à lui-même, l'homme se considère comme maître de choisir, au moins dans
une certaine mesure, ses états futurs. Il n'est pas
simple spectateur de ce qui se passe en lui, il
devient l'ouvrier de sa destinée.

Quels actes réalisera-t-il de préférence ? C'est ici
que se présente le problème moral. La solution en
sera trouvée dès qu'on sera en possession d'un
principe indiquant à l'homme quelle conduite il
doit tenir en toute occasion.

On dira peut-être que la connaissance d'un
principe de ce genre est superflue, que nous nous
déterminons en vertu des impulsions que nous
avons reçues et que, transformées en actions
humaines, ces impulsions ne cessent pas pour cela
de faire partie du système des forces naturelles dont
nous ne sommes nous-même qu'un organe.

La différence entre la volonté humaine ainsi
privée de toute initiative et les forces physiques
serait donc purement apparente. Adopter une telle
doctrine équivaut à nier la morale : au point de vue

où elle nous forcerait à nous placer; il semble que l'homme puisse encore rechercher ce qu'il va advenir de lui, mais jamais plus il n'aurait à s'interroger sur ce qu'il doit faire ou bien cette question, s'il se la posait, serait dépourvue de sens.

Si, se croire appelé à prendre, d'une façon souveraine, des résolutions touchant l'avenir est une illusion, il faut avouer que cette illusion est bien ancienne et bien tenace. C'est, en effet, une opinion, aussi répandue aujourd'hui qu'autrefois chez la plupart des hommes, qu'ils sont capables d'agir, que leurs actions impliquent préférence, choix, et que ce choix suppose la notion de ce qui vaut mieux et de ce qui vaut moins, une distinction entre ce qu'il faut faire et ce qu'il ne faut pas faire, en un mot, un discernement du bien et du mal.

Essayer de justifier la distinction du bien et du mal serait aller à l'encontre du but que nous nous sommes proposé. Nous voulons, on le sait, partir du fait de l'obligation et du devoir pour montrer qu'en dehors de la métaphysique idéaliste, ce fait est inexplicable, que son existence est incompatible avec toute autre philosophie. Mais sans tenter une démonstration du devoir, il nous sera bien permis de constater la singulière puissance d'un sentiment qui n'est peut-être entièrement étranger à aucun homme. Lors même que l'on a

cessé de se croire soumis à l'obligation, on
demeure impuissant à s'affranchir de tout respect
vis-à-vis de la loi morale. Ainsi, lorsque l'on croit
avoir rencontré dans l'analyse de la nature humaine
des raisons décisives de nier l'autorité absolue du
devoir, on n'a pas pour cela définitivement rompu
avec lui, et longtemps après qu'il a été condamné,
son action ne laisse pas de se faire sentir encore.
Le sacrifice de nos habitudes ne va pas sans
regrets. Une tristesse naît en nous à la pensée
qu'un ordre d'idées et de sentiments auquel tout
nous rattache va faire place à un état nouveau plus
conforme à la vérité, croyons-nous, mais que nous
ne saurions aimer pourtant puisqu'il consacre la
ruine de tout ce que nous avions appris à aimer
jusque-là.

C'est, dira-t-on, ce qui se passe toutes les fois
qu'il faut lutter contre des habitudes. On conviendra du moins qu'il n'y a que les habitudes
vieilles et fortes pour donner lieu à ces déchire-
ments. Il est incontestable pourtant que nous
aurions tort de laisser résoudre par notre horreur
instinctive de l'effort une question d'une pareille
gravité. S'il y a une lutte à engager, il serait peu
courageux de s'y dérober et maladroit de renoncer
d'avance aux profits qu'on en pourrait recueillir.
La preuve une fois faite de la vanité des croyances

morales, nous n'aurions plus d'excuse, si nous persistions à les entretenir en nous. Nous voici donc tenus d'examiner si cette preuve peut être donnée.

Or, nous soutenons qu'elle n'a point été faite, bien plus, qu'elle est impossible. A coup sûr, cela ne constituera pas une justification du devoir (aussi bien nous ne nous sommes pas engagé à l'apporter), mais, par contre, nul n'aura le droit d'opposer aux considérations qui rempliront ce travail le dédain qu'appelle un raisonnement lorsque la fausseté des principes dont il dépend est manifeste ou depuis longtemps avérée.

IV

L'expérience est et sera toujours impuissante à prouver qu'il
n'y a pas d'obligation morale. — Une vérité certaine a priori,
loin de ruiner le devoir, ne pourrait que le fonder. — Nous
n'avons pas démontré l'obligation ; mais nul n'a le droit de
nous interdire d'en parler.

Est-elle donc sans valeur cette antique croyance
des hommes, qu'ils peuvent grandir s'ils le veulent
vraiment et, par cela seul qu'ils le veulent, qu'ils
peuvent déchoir et s'avilir, s'ils s'abandonnent
eux-mêmes et s'énervent ? Soit ! mais si nous
sommes dupes, notre illusion, réelle en fait, doit
être expliquée. On doit pouvoir marquer les causes
qui l'ont fait naître, assez sûrement pour que, du
rapprochement de ces causes, nous voyions se
former, en quelque façon sous nos yeux, la foi de
certains hommes à une règle des mœurs. C'est
précisément à cela que, selon nous, on ne peut
réussir.

Si la distinction du bien et du mal n'était qu'une
opinion fausse à laquelle l'expérience aurait peu
à peu donné du crédit, on ne pourrait faire que
deux hypothèses sur les causes de cette erreur. Ou

bien tout ce que nous observons personnellement,
tout ce que nous entendons dire contribuerait à
nous y faire tomber et rien ne viendrait jamais
nous en tirer. Ou bien nous rencontrerions dans
l'expérience même quelque chose qui contrarierait
notre sens moral et ébranlerait notre confiance dans
l'obligation.

La dernière supposition mérite seule d'être dis-
cutée, car, dans le premier cas, les hommes
trouvant sans cesse de nouvelles raisons de se
croire soumis au devoir, sans apercevoir jamais
aucun motif de s'en dégager, verraient chaque jour
s'accroître leur foi en la moralité. Aucune voix ne
s'élèverait contre le devoir et nous n'aurions pas ce
débat préliminaire à instituer.

La deuxième hypothèse a l'avantage de se concilier assez bien, du moins en apparence, avec les
faits qu'il nous est donné d'observer. Ne permet-
elle pas de comprendre la diversité des opinions
sur la distinction du bien et du mal ? On peut, il
est vrai, admirer que la même expérience produise,
selon les terrains, des fruits si différents. Mais c'est
que l'unité du nom cache la profonde variété des
objets. Y a-t-il rien de plus éloigné d'une perception, que telle autre perception, d'une idée ou d'un
sentiment, que telle autre idée ou tel autre sentiment ? — Essaiera-t-on de défendre le devoir en

arguant de la puissance, de l'antiquité, de l'univer-
salité de son action ? — Les raisons sont faibles si
l'on songe que tous les hommes ne désignent pas
non plus la même chose sous le nom de devoir,
qu'il n'y a pas de prescription qui d'une erreur
fasse une vérité, qu'il est, en outre, assez difficile
de dénombrer les défenseurs et les adversaires du
devoir, et que — ce calcul fût-il fait enfin — le
nombre n'est pas un meilleur argument que le temps
en pareille matière.

Mais si l'expérience ne peut, et pour cause,
nous fournir des raisons décisives d'affirmer le
devoir, elle est, par une naturelle réciprocité,
également incompétente pour se prononcer contre
lui.

Que dira-t-on, en effet, pour expliquer comment
les idées morales conservent encore tant d'adhérents
sincères et qui les tiennent pour absolues ? Que
des causes générales et durables ont dû porter
beaucoup d'hommes à mal interpréter l'action
humaine et à se méprendre sur le sens et la portée
des ordres donnés par la conscience. Et pour rendre compte de la persévérance de l'illusion morale
chez ceux qui en savent la genèse, on invoquera
la force de l'habitude que l'expérience d'un jour
est impuissante à détruire et cette vitesse acquise
dont l'effet continue à se faire sentir même quand

on a serré les freins, même quand on a tenté de faire machine arrière.

Mais s'il s'agit ici non de liaisons de faits sur lesquelles l'observation a qualité pour nous instruire, non de moyens à prendre pour arriver à certaines fins expérimentales, mais bien de l'orientation de notre vie, dans le cas où il nous appartiendrait d'en décider, mais bien du mérite de nos actes en tant qu'ils ne sont pas de purs faits, en tant qu'il serait aussi légitime au moraliste de les considérer dans leur naissance qu'au savant de les envisager détachés de notre volonté ; alors ni les opinions contraires que l'on accumulerait, ni les explications positives que l'on donnerait de nos actes et qui réduiraient à néant le rôle de la moralité dans leur production, rien de tout cela n'autorise à conclure contre l'obligation morale.

Ce qui caractérise les raisonnements fondés sur l'expérience, c'est que, si large que soit la base sur laquelle ils s'appuient, l'existence d'un seul fait qui les contredit suffit à les ruiner et celle d'un fait qu'ils n'expliquent pas, à les ébranler. Or on ne peut méconnaître qu'il y a eu, qu'il y a encore chez certains, foi au devoir. Rejeter cette notion, sous prétexte que tout ce que nous observons, que tout ce que nous savons aujourd'hui lui est manifestement contraire, c'est, après tout, condamner un fait au

nom d'un autre fait. Mais si l'expérience a pu nous
induire en erreur dans le passé, qui nous prouve
que nous n'avons pas la même chose à redouter de
l'expérience actuelle? Si l'on allègue l'autorité plus
grande du fait présent, nous répondrons que le passé
lui aussi a été le présent et qu'on n'hésite pas
néanmoins à le condamner aujourd'hui. Au regard
d'un avenir qui sera actuel un jour, qui sait si nos
convictions de maintenant tombées dans le passé ne
nous paraîtront pas aussi fausses et insoutenables
que ces opinions d'autrefois qu'à cette heure nous
rejetons avec mépris? La force des faits qui détrui-
sent l'autorité de l'obligation n'est d'ailleurs pas
invincible pour tous, ou bien d'autres esprits
interprètent étrangement la réalité puisqu'il y a
encore des défenseurs de l'obligation morale. Or,
pour rester dans les limites où l'observation les
enserre, les adversaires du devoir ne sont en droit
de parler que d'eux-mêmes. Rien ne leur démontre
— fût-il vrai pour eux que le devoir est un mot, —
qu'il n'y a pas d'autres êtres pour qui il existe vraiment et revêt un caractère sacré. Rien ne leur
prouve qu'ils ne deviendront pas semblables un
jour à ces êtres et qu'ils ne seront pas les plus
énergiques à repousser alors leur opinion actuelle.
Mais nous pouvons aller plus loin et soutenir que
si l'expérience paraissait en désaccord constant avec

le devoir, on ne pourrait pas tirer de là un argument irréfutable contre l'obligation. Qu'est-ce, en effet, que l'expérience sinon la connaissance que nous avons des faits. Or, nous ne pouvons nous flatter de connaître tous les faits. C'est cependant ce qu'il faudrait pour assurer que l'homme n'est pas soumis au devoir.

Mais, sans parler du passé ni de l'avenir, le présent n'est pas sans mystères pour nous. N'y eût-il qu'un fait hors de notre expérience, nous ne pourrions pas affirmer qu'il ne contient pas de quoi démentir toutes les hypothèses inspirées par les faits connus avant lui. Lit-on à livre ouvert dans la conscience d'autrui et sait-on de science certaine que l'obligation morale n'y a jamais été que l'action mal comprise de forces enfin clairement connues et définies depuis qu'on ne croit plus à cette obligation ?

Que toute obscurité soit dissipée ! nous le voulons. Mais si, par une invraisemblable rencontre, tout dans le passé et dans le présent était venu à notre connaissance, rien ne nous avertirait jamais de notre bonne fortune ! Faute d'avoir su quel devait être le total des faits, nous ne serions jamais certains qu'il ne s'en est pas dérobé quelqu'un à nos regards. A quoi bon d'ailleurs nous embarrasser de la chimère d'une expérience totale ?

Peu de choses nous sont connues du passé et du présent et toute une fraction de l'expérience nous échappe, d'autant plus considérable que la limite n'en peut jamais être atteinte : l'avenir.

Allons à l'extrême. Incompatible avec tout ce que nous savons, inconciliable avec l'ordre des choses tel que, dans l'observation, il s'est révélé à nous jusqu'ici, l'obligation ne serait pas encore définitivement condamnée.

Pourquoi, dans cette hypothèse, nous serait-il interdit de voir en elle la notion d'un ordre de choses à venir, la représentation anticipée de ce qui n'est point encore, mais sera un jour, le pressentiment d'un règne nouveau dont tout le reste n'est que la préparation et à l'avènement duquel nous travaillerions efficacement surtout lorsque, nous dégageant de la contrainte physique, nous affirmons que notre liberté sera, si elle n'est déjà, que nous nous appartenons à nous-mêmes et que notre existence sera ce que nous la ferons? En vivant ainsi par avance de la vie nouvelle à laquelle le monde est destiné, ne serait-on pas plus près de la vérité qu'en continuant à subir la tyrannie d'un passé qui n'est plus et d'un présent qui va cesser d'être?

Telles sont les conjectures que nous sommes en droit d'opposer à ceux qui nieraient le devoir en s'étayant sur les faits. Sans doute ce n'est pas la

preuve que leur hypothèse est fausse. Mais pour
l'asseoir solidement il faudrait, dépassant les phénomènes et les opinions qui en naissent, toucher la
réalité même et atteindre une vérité absolue, vérité
qui ne serait plus péniblement cherchée à travers
les faits — car nous reviendrions aux difficultés de
tout à l'heure, — mais qui tout à coup se dévoilerait
à nous et nous donnerait le secret de tout ce qui se
fait dans le monde. Voir à quelles lois les choses
sont assujetties et que ces lois ne laissent point de
place à la moralité, c'est avoir la preuve qu'il n'y a
point d'obligation.

Mais comment concilier la possession de cette
certitude avec la condition d'être purement naturel
où l'homme serait décidément confiné ? Est-il bien
un fragment de la nature, rien de plus, celui pour
qui l'univers n'est plus mystérieux, celui qui possède cette chose absolue, la science, et à qui, dès
qu'il le veut, la vraie nature de l'être vient docilement se révéler ? S'il peut encore rester, en un sens,
partie intégrante du monde où règne le mécanisme,
en un autre sens il le surpasse et le domine, sachant
ce qu'est ce monde et tout ce qu'il peut être. Ses
actes cessent d'être tout semblables aux faits naturels et l'on ne peut plus négliger l'élément nouveau qui va, en quelque sorte, transfigurer sa
conduite.

Mais le moment n'est pas venu de démontrer
ce que nous avançons ici. C'est justement l'objet
de la seconde partie de ce travail d'établir que la
prééminence de la pensée ou mieux que sa souveraineté sans partage est la condition de la science.
Il sera temps alors de faire voir comment l'idéalisme implique l'obligation morale.

V

Si l'on considère les faits en eux-mêmes, on n'en tirera pas
la définition du bien. — Ni la fin à atteindre, ni les
moyens d'y parvenir ne peuvent être fixés, qu'il s'agisse
du plaisir, du bonheur ou de l'intérêt commun.

Un combat se livre dans une âme. Plusieurs
actes apparaissent possibles. Lequel choisir ? Celui-
ci plaît par lui-même. Celui-là est gros d'avantages
à venir. Tout n'est pas dit. En voici un, qu'il faut
faire, agréable ou non dans le présent, fâcheux ou
non dans ses suites probables. Je résiste et je ne
le fais pas. Qu'importe ! je remédierai aux ennuis
que cela pourrait me causer. Affaire de prudence.
Et puis qui sait ! les plus savants calculs peuvent
être mis en défaut. Un jour peut-être, j'aurai à
m'applaudir de ma désobéissance à cet ordre qui
prétendait se suffire à lui-même et ne cherchait pas
à se justifier. — Non, reprend la conscience, ne
pas obéir, ce n'est pas commettre une de ces
fautes que l'on condamne tant qu'elles semblent
telles, que l'on admire et que l'on glorifie dès que
les événements en ont changé la face et ont fait

d'une maladresse une suprême habileté. Ne pas obéir, c'est encourir un éternel reproche. Jamais, quoi qu'il advienne, que nous nous amendions ou que nous persévérions dans le mal, jamais il ne cessera d'être vrai qu'à ce jour, qu'à cette heure, nous avons mal agi. Voilà l'absolu, voilà la certitude, voilà aussi l'obligation morale.

L'avenir et ses révélations ne pourront rien changer à la valeur de notre conviction, ne pourront jamais en entamer la vérité. L'ordre moral est dès à présent et pour toujours fixé. Qu'on y songe ! Penser autrement, c'est admettre qu'on n'est pas certain que le mal soit le mal, que le bien soit le bien, c'est croire que dans la loyauté de l'intention la plus droite, à notre insu, contre notre volonté, le mal peut se glisser viciant notre acte ; tandis que dans la résolution la plus perverse et contre le gré du méchant, s'insinuerait le bien anéantissant le crime et réhabilitant le coupable. Sans obligation, il y aurait peut-être encore place pour une science pratique de la vie, ou plus exactement, pour un apprentissage du métier de vivant, il n'y aurait plus de morale. On nous dira peut-être qu'il faut s'y résigner. Cela est possible, sans doute, puisque plusieurs l'ont fait. Mais nous nions que ce parti s'impose et nous avons fait reconnaître notre droit à ne pas le prendre. Certes si quelqu'un se refuse à admettre le devoir, nous avouons n'avoir aucun moyen de l'amener malgré lui à notre sentiment ou de le convaincre d'erreur. A ceux qui, au contraire, acceptent l'obligation, nous pouvons démontrer qu'elle exige une définition claire et indiscutable de ce qu'il faut faire et de ce qu'il ne faut pas faire et que l'idéalisme seul autorise une semblable définition.

Où la trouver, en effet ? Deux voies peuvent être tentées. Ou bien on la demandera à l'observation des faits, ou bien c'est d'une vérité supérieure à l'expérience qu'on essaiera de la faire sortir. Il n'y a pas de troisième hypothèse sur l'origine du devoir. Or, jamais l'observation ne nous apprendra ce qu'il *faut* faire, jamais ses enseignements ne nous apporteront des ordres absolus et indiscutables. Car, si elle nous fait connaître certaines fins désirables, elle ne peut nous donner un moyen infaillible de les atteindre et, d'autre part, aucune des fins qu'elle nous propose n'exige l'adhésion de notre volonté, fussions-nous assurés de parvenir au but. Mais ici une distinction s'impose. Lorsqu'on interroge l'expérience, espérant qu'elle nous instruira de nos devoirs, ou bien on consulte les faits sans souci de leur origine, sans se demander s'il y a un ordre absolu des choses qu'un examen patient nous révélerait peu à peu, — ou bien on croit trouver, dans l'expérience convenablement interprétée, le moyen de mettre notre conduite d'accord avec ce que demanderaient de nous les lois profondes qui travaillent au sein des choses.

Dans la première hypothèse, c'est-à-dire lors-qu'on ne s'inquiète pas de ce que sont les choses en soi, nous croyons qu'on ne peut procurer même un semblant d'autorité au devoir. Soit qu'on pres-crive à l'homme de se jeter sur n'importe laquelle des jouissances qui s'offrent à lui, soit qu'on lui conseille d'agir avec discernement et de se livrer à de sages calculs dans lesquels il fera entrer le bonheur des autres comme indispensable facteur de sa satisfaction personnelle, nous ne voyons pas qu'on puisse donner à aucune de ces invitations un caractère impératif. Il nous semble même qu'aucune d'entre elles ne peut recevoir une signi-fication bien précise.

Si l'homme avait pu un instant se croire obligé de poursuivre le plaisir, il se serait sans doute bien vite aperçu que ni le plaisir, ni la peine ne sont des serviteurs à ses ordres. Aussi personne peut-être n'a pensé que toutes les satisfactions dussent être recherchées indistinctement. Mais quand on procéderait avec méthode, quand on se proposerait d'arriver sinon au bonheur, simplement au bien-être relatif, c'est-à-dire d'acheter au prix de la plus petite quantité de souffrances, la plus grande somme de plaisirs possible, l'expérience ne nous instruirait jamais de ce qu'il faut faire pour y réussir. Bien loin d'obtenir une formule du devoir on n'aurait pas même un conseil intelligible.

Le plaisir accompagne certains actes. Nous avons gardé, plus ou moins vifs, plus ou moins fidèles, les souvenirs laissés en nous par les jouissances que nous avons éprouvées. Nous aimerions ressentir à nouveau les sensations agréables aujourd'hui disparues, nous aimerions en éprouver de plus fortes encore : voilà le désir. Le désir travaille tous les êtres qui participent à la vie. Chez tous ceux qui sont doués de sensibilité, l'expérience a produit des effets analogues à ceux qu'elle a développés en nous. Cédons au désir, nous irons au bien qui est la volupté.

Irons-nous sûrement au bien? Ceux qui l'envisagent comme identique au bonheur n'en doutent pas.

Ils se trompent pourtant, car l'homme ne peut jamais savoir, au temps où il se décide, si l'acte qu'il accomplit lui procurera un plaisir, à plus forte raison, si cet acte contribuera à son bien-être. Certes, rien n'est plus simple en apparence que de consulter notre mémoire et d'y retrouver les traces

laissées par les suites agréables ou pénibles de nos
actes passés. La réflexion et l'étude sont même
superflues. Le désir n'est-il pas un souvenir pres-
sant qui meut notre activité sans qu'il y ait lieu
d'en délibérer? Renouveler les actes agréables,
éviter les actes pénibles, tout l'art de vivre est là.
Mais nous ne savons si cet art est à notre portée.
Qui aura assez de confiance dans le désir aveugle
pour lui abandonner tout le soin de notre conduite?
La comparaison des actes et de leurs conséquences
ne peut donc être évitée ; mais aussi que d'incertitudes et d'hésitations dont nous ne pourrons complètement nous affranchir ! Examiner, scruter,
tout cela dépend bien de nous ; mais nous appar-
tient-il de décider que nous ne nous tromperons
jamais et d'astreindre les faits à justifier nos
prévisions? Et si l'on nous octroie en partie ce
pouvoir, ce serait trop faire violence à l'expérience elle-même que de nous l'accorder sans ré-
serves.

Si, dans l'histoire du passé, on veut lire l'avenir, il faut admettre que l'un ne diffère pas essentiellement de l'autre, qu'ils sont tenus de se res-
sembler, c'est-à-dire que tous deux résultent enfin
du jeu des mêmes lois. Mais on abandonne alors
l'expérience pure, puisqu'on se rattache à quelque
chose qui la domine et l'on sort de l'hypothèse que

nous discutons pour entrer dans celle que nous considérerons tout à l'heure.

Impuissants à marcher d'un pas sûr vers le plaisir, nous ne sommes pas moins incapables d'arriver au bonheur en prenant l'expérience pour guide. Comment, si chacun de nos actes peut receler l'imprévu, organiserons-nous notre existence de façon à la rendre aussi heureuse que possible ? Les difficultés que nous venons de rencontrer surgiront de nouveau, se multipliant à l'infini ; et le bonheur, objet indistinct, confusément entrevu va être plus difficile à atteindre, plus indéfinissable que le plaisir lui-même dont il est fonction.

Les satisfactions dont l'expérience commune nous donne le type sont-elles, d'ailleurs, les seules auxquelles nous puissions prétendre ? Rien ne le prouve. Rien ne prouve non plus que notre véritable intérêt ne soit pas de renoncer à ces satisfactions et de mériter par là une félicité plus complète, plus durable, réservée par la nature ou par Dieu à ceux qui auront fait héroïquement le sacrifice de leur bonheur. Et si l'on objecte que les récompenses divines ou celles dues au hasard sont des hypothèses, rien dans l'expérience ne nous démontre pourtant que ce soient des hypothèses fausses.

A défaut d'une certitude dont on se désintéresse, ou qu'on déclare inaccessible, il n'y a plus de distinction radicale entre le bien et le mal. Si nous empruntons à l'observation nos fins et nos moyens, notre vie ne peut plus s'orienter. Vivant sur des probabilités, comment nous croirions-nous jamais obligés à faire telle chose ? Si notre docile soumission à de vieilles habitudes d'esprit nous est l'unique garant de la stabilité des choses et si le changement de ces habitudes n'est pas plus inconcevable que celui de l'ordre des choses qui les a créées, avec quelle confiance un homme éclairé pourra-t-il bien attendre que se réalisent des prévisions fondées sur la courte et souvent grossière expérience de quelques années, voire même de quelques siècles ?

Le parti le plus absurde en apparence, le plus opposé aux conseils de la sagesse expérimentale pourra se trouver, par rencontre, le meilleur, le mieux approprié, soit à notre plaisir, soit à notre bien-être, selon que nos calculs étaient à plus ou moins longue échéance. Inquiétante conclusion : les plus sages et les meilleurs ont approuvé, notre conscience attentive et instruite autant qu'elle pouvait l'être nous a dicté une résolution funeste et immorale !

La vie est un jeu de hasard. La vertu n'est plus qu'une faveur du sort et le vice est le crime de n'avoir pas réussi.

Mais qu'importent ces difficultés d'ordre spéculatif si, en fait, ceux qui ont suivi les préceptes de
la morale expérimentale s'en sont bien trouvés?
Qu'importe à ceux qui ne se mettent pas en peine
d'une science absolue s'ils n'arrivent qu'à des probabilités. Pourvu qu'on soit averti de ce qui nous
est le plus ordinairement avantageux, pourvu
qu'on sache, à peu près, ce que l'on doit espérer et
ce que l'on doit craindre des actes les plus répan-
dus, on a un ensemble de préceptes assez clairs et
assez généraux pour être compris et acceptés de la
plupart des hommes.

Point n'est besoin, d'autre part, que ces préceptes soient scientifiquement formulés. L'essentiel
est qu'ils gouvernent notre conduite. En connaître
la nomenclature, définir exactement la portée de
chacun d'eux est chose impraticable. Mais ils ne
produiront pas moins sûrement leurs effets, si, sans
même les analyser, nous subissons leur action et
si, vraiment incorporés à nous, ils sont devenus
comme les ressorts de notre activité. Que dans un
long passé, tout ait collaboré à faire naître d'abord,
à fortifier ensuite chez la majorité de nos semblables, une disposition irraisonnée et presque
toujours invincible à poursuivre des fins d'intérêt
commun, qu'il n'y ait point de peine plus profonde
et plus vive que de résister à cette tendance

acquise ; et du même coup nous sommes à chaque
instant, sans équivoque, instruits de nos devoirs
et mis en demeure de les remplir.

L'obligation morale est donc un fait, mais un
fait remarquable entre tous, une loi empirique
d'une force singulière. Ainsi un tronc vénérable
apporte par des canaux mille fois parcourus une
sève toujours jeune aux frondaisons nouvelles,
autour de lui s'étend l'ombre épaisse où s'abriterait
une tribu. A voir de loin la couronne verdoyante
qui ceint sa tête on le prendrait pour quelque
divinité bienfaisante. Mais la beauté de ses formes
et l'éclat de son feuillage ont une plus humble
origine. Fils du sol, il ne s'en est pas entièrement
détaché et c'est dans son sein qu'il va chercher
par mille chemins mystérieux les matériaux de sa
solide charpente, comme les ornements de sa
changeante parure.

Le devoir ne serait donc, en dépit des apparences contraires, que la plus puissante et la plus
générale des habitudes de l'humanité. On se délivre
ainsi de l'indéchiffrable énigme du bonheur personnel et l'on a une loi valable pour tous les
hommes.

— Nous ne demanderons pas si le départ entre
les habitudes auxquelles on peut et doit résister
et celles auxquelles il faut obéir n'est pas beaucoup

plus difficile à faire qu'on ne nous le donne à entendre, ni si les conflits de l'égoïsme et de l'intérêt commun disparaîtront tous, comme par enchantement. Mais supposons que, peu à peu, notre intérêt propre, l'action des autres sur nous, l'éducation surtout qui met aux mains des plus âgés les moyens de former les plus jeunes au sacrifice, non sans profit pour les éducateurs, que tout enfin ait concouru à nous faire envisager comme la plus pure et la plus intense des jouissances, notre collaboration au bonheur général, il ne s'ensuivrait pas encore que nous ayons là une règle morale et un principe indiscutable de vie.

Peut-être, dans cette hypothèse, certains hommes seraient-ils parvenus à éprouver, de fait, les plus vives jouissances, pour avoir travaillé et réussi à rendre heureux leurs semblables. N'est-ce pas de la même manière que l'avare se délecte à contempler son trésor ? Il ne conçoit même pas que l'on puisse vivre autrement qu'il ne vit; et si on lui offrait tout à coup des plaisirs plus nombreux, plus vifs et plus rares qu'il n'en pourrait payer de tout son or, nul doute qu'il ne refusât d'échanger même une part de ses richesses contre toute cette félicité. C'est qu'il souffrirait vraiment plus dans l'abondance qu'au milieu des privations de toutes sortes auxquelles il doit la conservation et l'accroissement de sa fortune. L'argent qu'il n'avait primitivement désiré que pour tout ce qu'on se procure par son entremise, il le désire maintenant parce qu'il est l'argent, et l'avare sacrifierait sans hésiter au moyen devenu pour lui la véritable fin tout ce qui avait fait d'abord l'objet de ses désirs et la valeur même de l'argent.

Ainsi chez l'homme civilisé s'est progressivement développé l'instinct du bien commun. A l'origine on ne travaillait peut-être pour les autres que lorsqu'on espérait quelque profit pour soi-même. A moins que l'esprit de sacrifice ne nous ait été en quelque façon imposé par de longues servitudes et que la crainte d'attirer sur eux de cruels châtiments n'ait enlevé à nos ancêtres le courage de résister aux ordres donnés et jusqu'à l'idée de songer trop exclusivement à eux-mêmes.

— Si l'on est d'humeur chagrine on ne constatera pas sans amertume que la morale devient ainsi le Code des petites gens et qu'il y a quelque force et quelque grandeur à ne point trop s'assujettir à ses lois. — Mais ne nous hâtons pas d'admirer ceux qui, fidèles aux instincts des premiers âges, ne consentent l'abandon d'aucune des exigences de leur tempérament ; ou, si nous les admirons, gardons-nous de croire qu'ils sont les plus heureux.

C'est en effet, aux faibles, à ceux en qui sont
bien éteintes les primitives violences, à ceux qui
savent la science d'obéir plutôt que celle de com-
mander, c'est à ceux-là que, par un juste retour,
sont réservées les joies les plus hautes et les plus
pures. Et les servitudes où ils semblaient réduits
vont devenir pour eux des moyens inattendus
d'indépendance et jusqu'à des instruments de règne.
Quelle satisfaction dépassera en étendue le plaisir
d'avoir travaillé pour les autres et d'avoir assuré,
par l'absorption de notre acte dans les intérêts
durables de la race, la perpétuité de l'une des
déterminations de notre être ! Et pour ceux qui,
moins clairvoyants, n'auront pas conscience de
leur participation à d'immortelles destinées, une
récompense plus concrète et proportionnée à leurs
désirs ne leur fera pas défaut.

Confusément ils sentiront que faire du bien à
nos semblables, que les aimer et les secourir, c'est
se substituer en quelque manière à eux. Désormais
ce ne sont plus eux qui vivent en eux, c'est nous
qui ne cessons plus d'être présents à leur vie et
qui nous mêlons intimement à leur personne.
Qu'on ne dise pas qu'il en est de même quand
nous leur commandons et leur faisons violence !
Alors, au contraire, ils se renferment en eux-mêmes
et subissent sans la laisser pénétrer au dedans l'ac-

tion toute matérielle que nous exerçons contre leur gré. Mais si quelque chose de nous est entré en eux, mais si, par une espèce de transmutation dont le secret est la bonté, ils ont reçu de nous quelque service, n'y a-t-il pas là comme une multiplication de notre être, comme une vie nouvelle qui commence pour nous en nos obligés et qui, reculant les étroites limites de notre individualité, ouvre à notre activité de nouveaux espaces et étale devant nos yeux ravis d'infinies perspectives ? Quand ce serait sous une forme grossière que de semblables images se présenteraient aux humbles avides de dévouement, leur bonheur ne serait pas amoindri et la joie du sacrifice ne perdrait pas pour eux de son ineffable douceur. L'égoïsme n'est plus à craindre puisque, ainsi raffiné, il est devenu l'altruisme.

— Nous n'y contredisons pas, mais on ne nous empêchera pas de dire que ce progrès cache un recul, puisque, de la vie consciente, il nous ramène à l'automatisme. C'est à l'insu de ceux en qui elle s'est faite que la substitution d'une fin nouvelle à celle qu'ils souhaitaient d'abord s'est lentement opérée.

— Elle est faite, dira-t-on, et nous aurions mauvaise grâce à ne point l'accepter.

— Il est vrai, c'est aujourd'hui toute ma joie, à moi, de travailler au bonheur des autres. Mais est-il bien sûr que je ne pourrais pas être aussi heureux en marchant vers un autre but?

— Ce serait lutter contre toi-même !

— Soit ! mais, la lutte finie, peut-être trouverais-je dans quelque volupté intense et imprévue une large compensation de la peine prise à rompre des associations puissantes et invétérées ?

— Impossible ! l'expérience ne nous fait connaître aucune joie égale au plaisir de rendre les hommes heureux.

— Mais l'expérience ne peut prouver qu'une fin plus haute soit inconcevable ; elle ne démontre même pas que, de toutes les fins conçues, celle-ci soit la plus noble, ni que les joies les plus exquises soient l'apanage de ceux qui cherchent à l'atteindre. Qui sait si le philosophe qui s'abîme dans le sentiment de son impuissance et se divinise dans la pensée de l'universelle nécessité n'éprouve pas, dans son recueillement solitaire, une jouissance d'une qualité plus rare et par là plus précieuse que toutes les satisfactions de l'altruisme ? Et quand la plupart des hommes cédant à l'habitude continueraient à travailler pour l'humanité, serait-il interdit aux esprits aventureux de quitter les chemins battus pour frayer des voies nouvelles ? Pourquoi ne trouverait-on pas dans le sacrifice que l'on ferait de soi-même, non à l'étroite société des hommes,

mais à la communauté des choses qui ne connaît
ni droit de cité, ni ostracisme, un contentement
supérieur? L'altruisme ordinaire n'est que l'égoïsme
de l'humanité. Un altruisme plus généreux va naître
qui nous fera citoyens du Tout, frères des choses
et sommera l'humanité de se sacrifier, au besoin,
elle-même, pour ne pas entraver le développement
de l'univers.

Mais, quoi qu'on fasse, une pareille doctrine ne
peut nous obliger au renoncement et lorsqu'elle
semble y réussir, c'est à la faveur de l'amour que
nous nous portons à nous-mêmes qu'elle nous impose
l'amour de nos semblables. Qu'est-ce, en effet, que
cet altruisme qu'on ne pratique pas pour lui-même,
mais pour n'avoir pas à combattre des habitudes
devenues une autre nature et parce qu'il nous est
plus agréable d'avoir souci des autres que de nous
confiner dans les étroites limites de notre domaine
propre ? Sont-ce bien nos semblables que nous
aimons ou n'est-ce pas plutôt nous ? Se servir d'eux
— fût-ce en faisant acte d'abnégation à leur profit.
— en vue du plaisir très noble qui sortira pour
nous de notre dévouement, c'est encore les prendre
pour moyens de notre bonheur, ce n'est pas les
traiter comme des fins. Nous nous les subordonnons
ainsi, en un sens, et cela ne va point sans un certain mépris spéculatif.

Sans doute il est difficile de nous détacher entièrement de nous; mais on avouera cependant que les autres ne seraient plus pour nous des instruments, qu'ils reprendraient à nos yeux une absolue valeur, si nous pouvions les traiter comme nous-mêmes, et c'est dans cette hypothèse seulement, que nous pourrions, en toute vérité, les appeler nos égaux. Or, on ne parviendra à ce résultat que si nous pouvons, sans nous oublier un seul instant, nous donner entièrement aux autres. Qu'est-ce à dire, sinon qu'ils ne doivent pas différer essentiellement de nous, de sorte qu'à être en eux, nous ne cessions pas d'être en nous. Mais, nous voici bien loin de l'empirisme et de la morale qu'il entraine.

On tentera peut-être un dernier effort en soutenant que l'humanité et le développement de ses facultés les plus hautes sont, abstraction faite de toute idée d'union substantielle, des fins dignes d'être poursuivies pour elles-mêmes.

Mais comment le prétendre, sans abandonner de nouveau le terrain de l'expérience et sans admettre une hiérarchie des perfections que nous pourrions connaître avec certitude, parce qu'elle serait fixée d'une manière définitive ? Or nous ne pouvons aspirer à cette science tant que nous ne voulons avoir devant nous que des faits et que rien d'absolument stable ne nous apparaît au milieu d'eux.

VI

Si l'on voit dans les faits la manifestation d'un ordre absolu des choses : ou l'on connait cet ordre en lui-même, mais alors on abandonne le terrain de l'expérience ; ou l'on ne connait que les phénomènes et toutes les incertitudes reparaissent.

On ne serait pas plus heureux si l'on cherchait dans l'expérience la manifestation d'un ordre vrai des choses qui se révélerait à nous peu à peu. Il semble pourtant que, dans cette doctrine, le devoir ne soit plus assis sur la base ruineuse des faits, mais qu'il s'appuie sur le fond solide de la réalité. Mais ce n'est là qu'une apparence. Comment, en effet, l'observation nous ferait-elle connaître l'essence intime du monde ? Ou bien elle est la connaissance des phénomènes et ceux-ci diffèrent des choses elles-mêmes ; mais alors l'être même sur lequel ils reposent nous est toujours caché par eux. Ou bien elle atteint la substance même et, ne s'arrêtant pas à la surface, s'avance jusqu'à l'intime des choses ; mais alors elle n'a plus rien de commun avec l'expérience ordinaire, et lui donner ce nom c'est dissimuler un retour aux connais-

sances *a priori*. Cette dernière conception de l'expérience est donc contradictoire ou se confond avec
les doctrines qui déduisent la morale de principes
irréductibles et que nous discuterons plus loin.
Ceux qui opteraient au contraire pour le premier
terme de l'alternative, se verraient bientôt pressés
des mêmes objections que l'on dirigeait tout-à-
l'heure contre l'empirisme proprement dit. Eux
non plus ne parviendraient pas à nous indiquer
clairement ce qu'il faut faire.

Que l'on nous enjoigne de devenir purement
passifs en goûtant un bonheur bien près d'être
négatif puisqu'il doit être fait d'insensibilité ; que
l'on nous prescrive de donner à notre activité tout
son essor, ce qui ne la conduira jamais bien loin
puisqu'elle reviendra sans cesse sur elle-même ;
que l'on nous invite enfin à nous adapter en même
temps que le corps social, dont nous sommes les
membres, aux conditions nouvelles d'existence qui
à chaque instant sont faites et à nous et à lui ;
dans aucun cas on ne peut énoncer d'une façon
intelligible, ni imposer d'une manière indiscutable
les obligations auxquelles on veut nous assujettir.

Dans cette nouvelle théorie comme dans la pré-
cédente, on nous donne des ordres que, selon
l'opinion commune, il ne dépend pas de nous d'accomplir. D'ailleurs, si nous pensions pouvoir pour-

suivre avec succès l'un ou l'autre des objets que
l'on nous propose, confiants dans l'immutabilité des
choses et dans la valeur de notre savoir, nous aurions
à dire comment on peut s'assurer de l'invariabilité
de la nature et de la vérité de nos connaissances.
Ceux qui croiraient que cette recherche critique
est inutile, parce que les hommes reçoivent en nais-
sant, ou acquièrent par le fait même de vivre, la
formation morale, auraient encore à prouver cette
infaillibilité de nos tendances héréditaires ou
acquises et devraient nous dire comment ils entrent
en possession de pareilles certitudes.

À coup sûr, ce n'est pas l'expérience qui nous
donnera, si loin qu'elle s'étende, ni la vue de l'essence des choses, ni la certitude dont nous avons
besoin. On s'expliquera que l'observation mette en
nous une forte propension à croire que l'ordre
mille fois reproduit va se répéter de nouveau, on
s'expliquera que, de cette tendance, naissent en
nous des déterminations. Mais sera-t-il illégitime
de résister à ce penchant, tant que l'on n'aura pas
montré la concordance de l'expérience avec la
nature des choses en soi ? Or, cette conformité ne
sera jamais démontrée ; car, eût-on tout observé,
on ne serait pas encore certain qu'il ne reste
pas encore quelque chose à connaître au delà.
L'espoir de fixer d'une manière incontestable

les moyens de parvenir au bonheur ou de collaborer à l'utilité commune, cet espoir qui déjà nous avait paru chimérique doit une fois de plus être abandonné. Maintenant comme tout à l'heure il faudra attendre les effets de l'action pour savoir si l'on a bien ou mal agi. Or, les effets de l'acte ne sont jamais épuisés ; on n'en saura donc jamais toutes les conséquences et l'on ignorera toujours s'il fallait agir comme on l'a fait.

De quelque façon que l'on se représente la distinction du bien et du mal, l'expérience ne nous en fournira jamais qu'une approximation. Ces notions dérivent, nous dit-on, du rapport que les choses soutiennent avec nos besoins, nos désirs, notre intérêt ou celui de la société.

Or, nous pouvons imaginer que nous connaissons assez bien cette relation, mais notre opinion, toute subjective, est absolument injustifiable, si l'on songe que la nature propre des choses nous demeure inconnue, faute d'une expérience supérieure capable de nous introduire dans une région fermée à l'expérience ordinaire. Dans le système que nous examinons, la moralité suppose la science comme condition préalable, tandis que nos convictions et notre savoir ne peuvent tirer de l'observation qu'une valeur provisoire.

Il n'en faut pas davantage, dira-t-on. Avoir fait

de notre mieux pour être heureux, pour rendre
heureux nos semblables, c'est là tout ce qu'on peut
raisonnablement exiger de nous. — Mais puisque
le véritable objet n'est pas de tâcher d'être heureux, de s'efforcer de donner le bonheur aux
autres, mais — chose plus délicate, — d'être heureux en effet, de rendre réellement heureux nos
semblables, ce but risque fort d'être manqué. En
suivant les avis qu'on nous donne, nous nous
exposons à nous écarter de lui au moment où nous
croyons nous en rapprocher davantage. Une distinction toute relative à nous ou à nos semblables
devient le principe de notre conduite alors qu'il
faudrait, pour éviter toute illusion, connaître la
distinction qui est vraiment entre le bien et le
mal, celle qui répond à la nature des choses. Il n'y
a pour les choses qu'une façon de s'accorder avec
nos prévisions ; tandis qu'il y a peut-être une
infinité de représentations fausses possibles de la
réalité, une infinité d'anticipations erronées possibles des phénomènes à venir. Ceux qui répondent
qu'on arrive à déterminer, sans incertitude ni
obscurité grandes, les lois objectives de l'univers,
grâce au fragment de réalité donné dans l'expérience, admettent une sorte d'harmonie préétablie
entre la marche de nos pensées et le déroulement
des faits hors de nous, entre la conscience et la

nature. Ils abandonnent donc l'expérience et, renonçant à fonder le devoir avec son seul secours, ils reviennent aux assertions absolues, aux connaissances *a priori*.

Quant à ceux qui persistent à tout attendre de l'observation, ils s'exposent à toutes les difficultés sous lesquelles succombaient les défenseurs de la première hypothèse. Les moyens qu'ils nous offrent pour nous conduire au bonheur n'ayant plus rien d'assuré, on reste libre de les suivre ou de s'en écarter sans renoncer pour cela au but, en courant peut-être moins de risques de le manquer. De quel droit condamnerons-nous alors les aberrations du sens moral?

Au cas où l'idée que chacun se fait de ses intérêts ou de ceux des autres n'exercerait d'influence que sur lui-même, l'équivalence admise entre les plus diverses conceptions du devoir n'aurait pas de bien graves inconvénients. Mais quand un homme en vient à se persuader qu'il est nécessaire à son bonheur ou — supposons-le généreux, — au bien de tous, de faire prévaloir ses propres sentiments et d'engager les autres dans les voies qu'il juge les meilleures, n'est-il pas bien près de se laisser aller à tous les caprices et, de là, à toutes les tyrannies? Lorsque les vérités de fait et les lois scientifiques qu'il en aura dégagées lui auront procuré les élé-

ments d'une reconstruction systématique du monde,
ne se croira-t-il pas, de bonne foi, appelé à faire
œuvre d'apôtre et de héros? Que si le rêve dont son
imagination s'est enchantée, mais où lui ne veut
voir qu'un idéal positif, ne peut se réaliser sans
combats, ni sans sacrifices, prêt lui-même à tous
les courages, à tous les dévouements, il marchera
sans faiblir contre toutes les résistances. Il pourra
pleurer les victimes. Mais sa raison lui dira qu'il
ne faut voir que l'ensemble et saura bien le consoler
en lui représentant, par anticipation, ce que seront
les joies du triomphe.

Arrivés là, nous ne pourrons plus nier que la
morale est compromise. Il n'y en a plus une, mais
plusieurs. Nous aurons ainsi le choix entre différents types de vie. Mais pourquoi préférer l'un à
l'autre? La beauté, la noblesse des uns les recom-
mande; la laideur, la bassesse des autres les va
faire rejeter. — La valeur esthétique des actes
serait-elle donc moins sujette à dispute que leur
valeur morale? Vivre ainsi ou autrement : querelle
d'artistes.

Mais l'art est un jeu et la vie est sérieuse.

Pas plus sous la seconde forme que sous la première, la morale empirique ne peut donc tracer à
l'homme la voie qu'il doit suivre pour parvenir au
but qu'elle lui assigne. Demeurant au point de

vue même de l'expérience, nous pouvons ne tenir
aucun compte des préceptes auxquels les moralistes
du plaisir, de l'intérêt ou de l'utilité ont décidé de
nous soumettre.

Ce que nous devons faire reste encore à déterminer.

VII

Quelle que soit la fin choisie, par cela seul qu'on demande
à l'expérience de nous la désigner, l'obligation imposée
sous la forme « *Il faut* » ne sera jamais justifiée.

Nous ne nous sommes point demandé jusqu'ici
si le plaisir ou le bien-être général sont désirables
pour eux-mêmes. Il nous a paru que l'expérience
ne permettait ni de les définir avec une suffisante
précision, ni de jalonner les routes par où l'on
voudrait nous y acheminer. Mieux consultée, ne
répondrait-elle pas d'une manière plus décisive ?
S'il pouvait exister des fins empiriques dignes de
s'imposer à l'homme, l'incompétence de l'expérience
dans la question morale ne serait nullement
démontrée : on pourrait espérer d'elle qu'elle
remédiât un jour à son insuffisance actuelle. Dès
lors, ce serait faire preuve d'obstination et montrer
peu de bon sens que de vouloir, tout de suite, une
formule rigoureuse de l'obligation morale. Encore
que nous n'ayons aucun procédé infaillible à notre
service, il ne serait que raisonnable d'user des
moyens imparfaits présentement en notre pouvoir

et de les appliquer à celle d'entre les fins possibles
de l'existence qui nous paraîtrait mériter le plus
d'être prise pour terme de nos efforts. Nous déplo-
rerions d'être réduits à marcher parfois à l'aveugle ;
mais nous n'irions point, par un scrupule d'exactitude mathématique, rendre notre condition pire,
en nous privant de la part de bonheur dont un
plus sage, à notre place, se serait contenté.

Si, au contraire, et par cela seul qu'elle viendrait
de l'expérience, aucune des fins qu'elle nous permet
de concevoir n'est propre à nous satisfaire, la possession d'une méthode parfaite ne nous serait plus
d'aucun secours, l'abandon du but entraînant celui
des moyens. On accordera sans doute que tous les
états agréables dont nous avons pu avoir conscience comme nôtres, que tous les éléments des
joies réelles éprouvées en commun par les hommes
n'ont pas pu devenir, dans l'usage que notre imagination en a fait pour créer l'idéal d'un bonheur
personnel ou général, essentiellement différents de
ce qu'ils étaient d'abord à nos yeux. Dès lors, la
considération de l'intérêt ne prendra jamais sur la
volonté réfléchie une autorité souveraine. Qu'au
moment où la jouissance désirée est obtenue,
qu'au moment où le bonheur des hommes vient de
s'étendre et paraît se consolider nous disions : « J'ai
bien fait ce qu'il fallait faire, » rien de plus naturel !

Mais l'instant d'après, si notre bonheur s'évanouit, si l'humanité souffre et perd plus qu'elle n'avait gagné, n'aurons-nous pas à regretter ce que nous avons fait? Il ne *fallait* donc pas, et c'est à tort que nous nous sommes décidés.

D'une façon générale, d'ailleurs, rien de ce qui se place dans la durée ne peut régler les démarches de la volonté raisonnable. Car, si éloigné qu'il soit du moment présent, un temps viendra où ce but atteint et dépassé cessera d'être voulu et où nous nous reprocherons peut-être de nous être dirigés vers lui. Qu'arrivera-t-il, en effet, lorsque nous serons parvenus à ce moment tant souhaité? Le mouvement des choses s'arrêtera-t-il alors et se fixeront-elles d'une façon définitive, ou bien, emporté dans un flux éternel, leur flot ne rencontrera-t-il jamais de digue?

Dans la première hypothèse et quelle que soit la fin atteinte, nous n'aurions qu'à nous féliciter d'avoir suivi les conseils de la morale empirique, puisque le bonheur nous serait acquis pour toujours et comme consolidé. Mais quoi! pouvons-nous espérer un si heureux succès de nos entreprises sans attester l'impuissance de la morale expérimentale? Ce qui fait la différence des instants successifs dont se compose la durée, c'est sans doute le changement même des faits qui prennent

place dans le temps. Or, une fois acquis cet état
idéal que nous avons regardé comme accessible,
aucun changement ne doit plus se produire, et ce
doit être perpétuellement la répétition du même
état. Où trouvera-t-on dans l'expérience quelque
chose qui nous permette d'imaginer ou de concevoir cette suppression du temps et du changement?
N'est-il point un être éternel et absolu celui qui,
affranchi des déterminations de la durée, demeure
à tout jamais identique à lui-même? Nous voilà
loin de l'observation, loin des fins expérimentales !

— Le reproche est injuste et la réponse est
facile. Quel est le moraliste qui bannira de son idéal
de bonheur, le mouvement condition de la vie et
la variété condiment du plaisir? Pourquoi n'y
aurait-il pas un état d'équilibre excluant les grands
et brusques changements, mais se conciliant avec
de légères oscillations ou de très lents progrès? On
serait encore dans la durée ; et pourtant tout à
fait heureux.

— On ne le serait point tout à fait. Pour qu'il
y eût sans cesse renouvellement de nos plaisirs, en
aussi faible proportion que l'on voudra, il faudrait
donc que nos désirs ne fussent pas entièrement
éteints ; mais le désir, c'est le besoin, et le besoin,
c'est la souffrance. Nos joies restent donc mélan-

gées et le plaisir pur, le plaisir en repos se dérobe
encore à nous.

Si vraiment, et à quoi que nous tendions, nos
actes doivent aboutir à nous placer enfin hors des
conditions de la vie sensible, on ne pourra pas nier
que la fin de notre conduite ne peut être conçue
d'une manière empirique et qu'à moins de nous la
figurer sous des traits inexacts, nous ne pouvons
la connaître qu'*à priori*.

Tout n'est pas dit, et ce n'est point à se mettre
en opposition avec eux-mêmes que les moralistes
empiriques veulent arriver. Ils ne considèrent pro-
bablement point nos actes comme devant expirer
un jour à un état définitif, immuable. L'état où l'on
parvient à un moment donné n'est évidemment
pour eux que la préparation d'un autre état. Or,
c'est ici que se présente l'insoluble problème :
que sera cet avenir ? est-il vrai que nos actes l'auront préparé, comme on l'affirme ?

La difficulté que nous signalons est commune
— qu'on veuille bien le remarquer, — à tous les
systèmes qui fondent l'obligation sur l'expérience,
quelque idée que l'on s'y fasse, d'ailleurs, de l'obligation.

Jamais on ne saura si la fin choisie est atteinte,
puisque la suite des faits peut nous amener à reconnaître que cette fin devait être cherchée au delà

du point où nous l'avions, tout d'abord, maladroitement fixée. Et ce jugement lui-même, pourra toujours être frappé d'appel tant que l'avenir ne sera pas épuisé. On a voulu rendre l'humanité heureuse : on croit y avoir réussi ; mais un jour les événements nous révèlent que le bonheur de l'humanité aurait été mieux compris, plus complet plus sûrement atteint, si on ne l'avait pas cherché si tôt. On s'est donc trompé de but ; mais cela même n'est pas bien certain puisque l'avenir est là, gros d'inconnu, et qui peut encore tout changer. La fin semble reculer d'autant plus que nous faisons plus d'efforts pour la saisir et la fixer.

L'objection ne tomberait-elle pas, si l'on admettait que nous nous avançons toujours dans une même direction, que les changements survenus, loin d'être en désaccord avec le passé, le confirment et le complètent ? De la sorte, le but imparfait poursuivi et atteint aujourd'hui ne serait qu'un point de départ pour une marche nouvelle, ne marquerait en un mot, qu'une étape dans le progrès. Jamais nous n'aurions à regretter le bien accompli et tout imparfaits qu'ils soient en eux-mêmes, nos actes prendraient une sorte de perfection de leur participation à un progrès indéfini.

Mais le mot « progrès » n'a de sens que s'il désigne une marche vers un point déterminé. Autrement il y a simple changement, sans que l'on puisse dire si le mouvement qui s'accomplit contrarie ou favorise celui qui s'accomplira par la suite. Il faut donc que l'on sache vers quel but on se dirige si l'on veut collaborer au progrès. Mais cela n'implique-t-il pas que nous savons en quel sens se poursuit la marche des choses? Et, comme ce qui importe le plus n'est pas de savoir ce qui s'est fait, mais d'être instruit de ce qui se fera, où prendrons-nous si l'on ose dire « la feuille de route du monde » ?

L'expérience va se trouver ici, comme tout à l'heure, incapable de nous apprendre ce sans quoi pourtant notre conduite ne peut pas être dirigée.

C'est, en effet, une science absolue dont nous avons maintenant besoin et nous aurions tort de la demander à l'observation. Avec celle-ci, ce ne sont pas seulement les moyens à prendre, c'est encore la fin à poursuivre qui reste pour nous, enveloppée d'un impénétrable mystère.

Quoi qu'on fasse, il faut donc aller chercher dans un principe *a priori* la raison de la distinction du bien et du mal.

VIII

Un principe *a priori* correspondant à un ordre de choses
extérieures à nous ne pourrait régler notre conduite, même
si nous possédions la science achevée et la toute-puissance
que nous n'avons pás, d'ailleurs.

Où trouverons-nous ce principe? sera-ce hors
de nous ou en nous?

Ce ne sera pas autour de nous, dans la nature
où nous pourrions nous croire tenus de réaliser
l'ordre. Car l'ordre que nous travaillerions à faire
régner, ou ne pourrait être imposé aux choses
indisciplinées, par nos faibles efforts, ou s'établi-
rait au contraire, comme de lui-même, sans rien
devoir à notre concours, sans rien craindre de
notre opposition. Enfin, à supposer qu'il dépendît
de nous seuls d'en assurer le triomphe, notre
volonté ne pourrait se croire obligée de s'employer
à cette besogne.

L'ordre universel ne serait à notre discrétion
que si, possesseurs de la science achevée, nous connaissions quelle place chaque chose doit occuper,
que si, capables d'imposer notre volonté à la na-

ture, nous ne rencontrions jamais d'obstacle insurmontable dans l'exécution de nos desseins.

Mais ce qui nous semblerait conforme à l'ordre le serait-il en effet? Ne risquerions-nous pas d'organiser le monde suivant un plan différent de celui qui eût répondu au vœu secret de la nature? Ce danger paraîtra même inévitable à qui considère l'univers comme extérieur à nous. Comment dans cette conjecture, continuer à parler de l'ordre universel?

Si l'essence des choses nous demeure cachée, nous ne pouvons pas nous flatter de disposer celles-ci dans les rapports qui leur conviennent le mieux, qui seuls leur conviennent. Nous ne tirons plus de la perfection de l'ensemble telle qu'elle devrait être, mais d'une opinion toute subjective, les règles de notre conduite.

Pour éviter cette conséquence on serait tenté de donner à la connaissance *a priori* plus de portée et de valeur. Elle ne serait pas seulement composée de notions antérieures à toute expérience et issues du fond même de notre être, mais ces notions auraient encore le singulier privilège de correspondre exactement aux principes qui gouvernent la totalité des choses.

Par la vertu de quelle magie ces lois d'un monde étranger se révèlent-elles à nous ?

— On dira que, par l'effet de leur jeu spontané.
elles ont dû former dans la conscience humaine
une sorte de miroir où elles viennent fidèlement se
refléter. — Mais, outre que l'on revient ainsi, par
un détour, à l'expérience, après l'avoir expres-
sément dédaignée, nous demanderons où l'on prend
la preuve de ce que l'on avance. Si notre conscience est une fraction infiniment petite d'un vaste
ensemble, pourquoi veut-on que nous trouvions
dans cet élément infinitésimal ce qui est nécessaire
à l'exacte représentation du tout? Il n'y a qu'une
chance pour que le témoignage de notre conscience
soit vrai, parce qu'il n'y a sans doute qu'une manière de penser les choses telles qu'elles sont. Mais
il y a une infinité de chances pour que les déclarations de notre conscience soient fausses ou incomplètes, parce qu'il y a peut-être un nombre illi-
mité de façons de se représenter les choses sous des
traits qui ne sont pas les leurs. Pourquoi choisir,
entre tant d'hypothèses, le très improbable accord
du dedans et du dehors, accord que l'on sera toujours
impuissant à vérifier? Nous ne nous tromperions pas
sur les véritables caractères de l'ordre, si les choses
n'étaient rien de plus que ce que la pensée atteint
et connaît en elles. Alors ce ne serait plus dans ce
qui nous est extérieur que nous lirions les règles
de nos actions, c'est en nous-mêmes qu'il faudrait

rentrer pour nous instruire de nos devoirs. Mais
aussi, nous n'aurions plus que faire de ce qui
subsisterait hors de l'esprit et bientôt, renonçant
à ce luxe inutile, nous proclamerons qu'il n'y a
point de nature dont l'homme soit l'esclave et que
la seule qu'il connaisse a reçu de lui ses lois.

Peut-être n'est-il pas nécessaire d'aller jusque-
là, ni de sacrifier l'existence substantielle des
choses. Le rôle que nous avons à remplir est-il
celui de protagoniste ? Alors nous avons besoin de
prendre conscience des destinées de l'univers. Mais
si, voués à un sort plus modeste, nous n'avons qu'à
faire notre partie dans le concert, un savoir plus
restreint nous suffit et même, à la rigueur, aucune
science n'est requise. La nature parle en tous les
êtres et leur signifie ce qu'elle attend d'eux, de telle
sorte que chacun est dans l'ordre lorsqu'il tend à
sa fin propre, lorsqu'il obéit à ses inclinations.
Enfermé en lui-même, il n'a pas à se préoccuper
de ce qui se fait ailleurs ; pourvu que l'accord
règne entre ses facultés, il connaît assez l'universelle harmonie et en jouit dans la mesure de son
intelligence et de ses forces.

— Il est vrai que, par là, toute difficulté pratique semble levée, mais à quel prix ? L'ordre s'établit par nous, en un sens ; mais en un autre sens,
ce n'est pas nous qui le réalisons. Nous n'y colla-

borons pas, à proprement parler ; nous ne sommes
que de simples instruments faisant toujours avec
docilité ce qu'ils ne peuvent pas ne pas faire. Par la
force des choses, tous nos actes sont dans l'ordre,
même ceux qui semblent s'en écarter le plus. Pour
nous peut-il encore être question de devoir ? Serviteurs obscurs, nous nous usons à une tâche dont
nous ne soupçonnons même pas la grandeur.
Simples moyens dont la nature se sert pour
atteindre des fins qui nous dépassent, nous ne nous
appartenons pas à nous-mêmes. Il y a encore des
choses que nous faisons nécessairement ; il n'y en
a plus que nous soyons obligés de faire.

Et quand même, plus favorisés, nous pourrions
ajouter à la beauté de l'univers ou, mieux encore,
en faire une œuvre irréprochable, nous n'y serions
certainement pas tenus, tant que toute cette perfection nous apparaîtrait comme étrangère à nous.
Nous n'avons que faire d'une harmonie tout extérieure et dont nous recueillerions à peine l'écho ;
nous y renoncerons sans regrets. On nous oppo-
sera que la perfection de l'ensemble nous intéresse
au plus haut point, parce que nous sommes partie intégrante de l'univers et que l'ordre partout,
ce serait aussi l'ordre en nous. Soit ! mais on
change de principe et c'est en tant que nous nous
efforcerons à mettre l'ordre en nous que nous nous

sentirons dans le devoir. On ne prend plus la loi morale au dehors, on la trouve au dedans.

Cessons de regarder ce qui nous environne de près. N'y aurait-il pas au-dessus de nous un monde où notre volonté trouverait un Idéal à réaliser et qui serait digne de régler la marche de tout le monde sensible ? — A moins de se confondre avec ce que l'observation nous fait connaître, ce monde différera radicalement du nôtre. Comment dès lors, pourra-t-il exercer une action sur lui ? Comment le pourrons-nous connaître ? et comment l'imiter ? Ne nous demeurera-t-il pas aussi étranger que l'était tout à l'heure le monde sensible lui-même ?

Que si l'on nous permet de le comprendre assez pour ne pas risquer de nous égarer en y prenant notre Idéal, la connaissance que l'on nous en accorde est la mesure de l'action régulatrice qu'il peut exercer sur nous. De ce que nous croyons qu'il est, dépend notre conduite ; et nous avons déjà vu que ce n'est pas assez de nos opinions pour se légitimer elles-mêmes.

Ou bien nous sommes nous-mêmes de ce monde, nous lui appartenons au fond, mais alors nous ne faisons que nous conformer à notre vraie nature et obéir à nous-mêmes en accomplissant le bien, ou, au contraire, il n'y a rien de commun entre ce monde et nous : mais alors nous l'ignorons, il ne peut agir sur nous : il ne nous intéresse plus à aucun titre et nous n'avons plus à nous embarrasser de lui.

La volonté divine ne peut elle-même nous dicter notre devoir que si nous savons ce que Dieu exige vraiment de nous. Or, nous ne le saurions pas dans le cas où la loi qu'il nous imposerait serait arbitraire. Nous aurions toujours lieu de craindre que, se ravisant, il ne vînt à la changer et à désavouer par une décision nouvelle les ordres donnés dans le passé. Dans cette hypothèse, notre absolue soumission au commandement divin d'hier ferait de nous des révoltés à l'égard du Dieu de demain. Ayant fait ce qu'il fallait faire, du moins ce qui était prescrit au temps de l'acte, nous aurions un jour à nous dire : « Il ne fallait pas faire ce que j'ai fait. »

— Mais Dieu, observera-t-on, est lié vis-à-vis de lui-même et ne peut pas reprendre la parole engagée.

— Il est vrai que s'il en est ainsi, nous saurons à coup sûr ce qu'il faut faire, que nous ne serons plus exposés à nous entendre reprocher comme une faute notre obéissance empressée; mais pour cela, il faut que Dieu soit, en un sens, soumis à la loi de nos déterminations raisonnables ; il faut qu'il soit lié par ses promesses et que la loi morale n'ait pas moins de pouvoir sur lui que sur nous. Mais s'il

y a, entre Dieu et nous, une différence essentielle, il
n'a pas plus qualité pour intervenir dans notre vie,
il n'a pas plus de moyens de nous faire accepter ses
ordres que le monde des choses en soi, auquel on
le rattache en dernière analyse, n'avait le droit ni
le pouvoir de se proposer à notre imitation.

IX

Le principe du devoir ne peut être qu'en nous. — S'il subsiste quelque chose hors de la pensée, nous ne sommes
point assurés de nous posséder nous-mêmes. — Considérer
l'intention seule en se désintéressant de la matière de l'acte
ne met pas à l'abri de cette conséquence.
En quel sens doit s'entendre l'autonomie de la volonté et
comment elle s'accorde avec nos différents devoirs.

Il ne nous reste donc plus d'autre ressource pour
sauver le devoir que d'en chercher le principe en
nous. C'est d'ailleurs ce que font, à leur insu peut-
être, ceux-là même pour qui la distinction du bien
et du mal a sa raison d'être dans un ordre objectif
des choses. Car nous ne pouvons, sans doute, faire
notre devoir qu'autant que nous n'ignorons pas en
quoi il consiste. La réponse à la question : « Que
dois-je faire ? » il faut bien que notre constitution
nous permette de la trouver en nous consultant
nous-mêmes.

Que la loi morale soit l'expression fidèle d'un
ordre absolu, indépendant de nous, cela n'est point
inconcevable ; mais il n'en est pas moins vrai que
la révélation de cet ordre doit finalement s'effectuer
en nous. Prêtons-nous un instant à considérer la

moralité comme venue de dehors. Rien ne nous
prouvera jamais, sinon des raisons données elles-
mêmes en nous, que ce que nous nommons le
devoir n'est point une incorrecte traduction de ce
que demande la perfection véritable, la perfection
en soi. La confiance que nous aurons en ce qu'on
pourrait appeler la sincérité de notre nature
deviendra, par suite, la vraie source d'autorité du
devoir sur nous. Ce sera un acte de foi en nous-
mêmes qui conférera à l'obligation sinon sa valeur
intrinsèque, du moins la valeur qu'elle prend par
rapport à nous.

Ainsi, tout nous amène à considérer la volonté
consciente seule comme capable de déterminer la
volonté consciente à agir. En dehors de l'autonomie
de la volonté raisonnable, il n'y a pas de fondement
de l'obligation morale. La volonté ne peut tirer que
d'elle-même sa règle de conduite : elle ne peut recevoir sa loi de rien qui lui soit étranger. Le but à
atteindre étant extérieur à elle, jamais elle ne sera
assurée de toucher à ce qui, peut-être, est placé
hors de sa portée. Elle ne pourra jamais se croire
obligée à la poursuite incertaine d'une fin dont elle
craindra aussi de mal apprécier la valeur. L'obligation n'a de sens qu'autant qu'on peut toujours s'y
soumettre. Le bien n'existe que si nous ne sommes
pas voués par une inexorable fatalité à le mécon-

naître. Or, il n'y a qu'un objet qui ne puisse se dérober à notre pensée, c'est elle-même; il n'y a qu'une chose où votre volonté ne puisse manquer d'aboutir, si elle la prend pour terme de son vouloir, c'est la volonté même. Se vouloir soi-même, cela est simple. Cela n'est subordonné à aucune condition indépendante de nous, cela seul est toujours possible. Quiconque parle de devoir, d'obligation morale parle, d'une manière implicite, du gouvernement de la volonté par elle-même.

A ce point de vue, la distinction du bien et du mal se fait avec une clarté et une précision que nous avions en vain cherchées jusqu'ici. Le bien, c'est, pour la volonté qui se connaît, d'agir en vue d'elle-même et le mal consiste pour elle à cesser de se prendre pour objet.

Mais encore cela exige que la volonté raisonnable soit, au fond, exempte de changement. Car alors qu'elle ne peut se vouloir que telle qu'elle est et se connaît, il lui faudrait pourtant, si elle variait, se vouloir telle qu'elle sera.

Or, cela est manifestement impossible, car elle ne saurait d'avance ce qu'elle va être que s'il y avait déjà en elle la pensée de ce qu'elle sera — ce qui suppose qu'elle ne changerait pas essentiellement d'un instant à l'autre, mais qu'elle demeurerait en partie identique à elle-même. Ou l'acte n'est

point celui que nous avions voulu et ce n'est pas
notre résolution qui lui a conféré l'être : ou bien
il est, par sa conformité avec notre décision antécé-
dente, le témoignage même de la persévérance de
notre vouloir, idéal tout à l'heure, maintenant
incarné dans l'acte accompli. Agir, c'est donc continuer à être jusqu'à l'achèvement de l'acte ce que
l'on était au moment de l'entreprendre. A moins de
nier l'action, à moins de rompre le lien qui rattache
le passé au présent, en morcelant notre vie pour
en isoler les éléments successifs, à moins de dire
que nous ne sommes pas un être, mais une théorie
d'êtres qui s'ignorent mutuellement, il faut bien
avouer qu'être ce que l'on s'est fait, c'est n'avoir pas
cessé d'être ce que l'on était. Admettre le devoir,
c'est donc déclarer que nous sommes, que notre
existence n'est pas mouvante mais stable; c'est
même, en prenant les mots dans leur sens rigoureux, affirmer que nous sommes, absolument.

A quelles conditions sommes-nous certains de
nous appartenir ? Notre autonomie serait-elle garantie s'il existait quelque chose en dehors de nous
et si nous n'atteignions pas dans notre propre
pensée le fond dernier de la réalité ? Telle est la
question qu'il faut maintenant examiner.

On dit parfois que les faits dont se compose
notre existence comme aussi ceux que nous perce-

vons hors de nous, ne se produisent pas seuls et comme d'eux-mêmes et qu'il ne saurait y avoir de phénomènes sans que quelque chose apparaisse. « Il n'y a pas d'effets sans causes ; il n'y a pas de phénomènes sans substances. » Le sens commun et le raisonnement s'accordent, dit-on, pour rendre ces deux propositions indiscutables.

Rien ne s'oppose à ce qu'on les tienne pour certaines ; il faut cependant dissiper toute équivoque. Or, si l'on désigne, sous le nom de causes et de substances, des choses en soi indépendantes de la pensée et différentes de ce qui nous est donné dans la perception et la connaissance, on ne peut plus soutenir qu'il y a de pareilles entités, sans détruire du même coup toute l'autorité du devoir.

Dans cette hypothèse, les substances qui servent en quelque sorte de fondement au monde phénoménal et dont on nous affirme l'existence, ne nous sont pas connues dans leur nature intime et se dérobent toujours aux efforts que nous faisons pour les saisir. Réduits à épier leurs manifestations dans l'ordre où le hasard nous les présente, nous pouvons bien conjecturer les lois qui président à leur vie intérieure, mais il serait puéril d'espérer obtenir par là une connaissance véritable de leur nature.

Il faudrait d'ailleurs, pour réussir dans cette tentative, que les substances pussent être entière-

ment connues, que rien en elles ne fût réfractaire à
l'intelligence. Or, comment pourrait-on, sans faire
tomber la substance au rang de simple phénomène, en éclairer, si l'on peut dire, toutes les pro-
fondeurs et n'y laisser rien d'obscur et d'inexploré?
Si l'on veut éviter la contradiction, il faudra donc
déclarer que la chose en soi nous échappe et que
nous ne pouvons nous en former une idée.

Avec les choses sensibles qui deviennent ainsi
impénétrables, c'est aussi notre propre substance
qui se trouve exclue du domaine de la connaissance. Or, si nous sommes environnés d'inconnu,
si notre être propre est un mystère pour nous, que
devient l'indépendance de cet être et la direction de
la volonté par elle-même, que devient l'obligation
morale inséparable de cette autonomie ? En effet,
si jamais le fond des choses ne se laisse apercevoir
de nous, comment pouvons-nous parler, je ne dis
pas de la valeur absolue de la personne humaine
mais simplement de son existence ?

Qui sait si nous n'ignorons pas l'essentiel des
choses ? Qui sait si le moindre de nos actes n'a
pas un retentissement prolongé dans des mondes
au milieu desquels nous vivons sans les soupçonner
et qui, fermés à notre esprit, subissent néanmoins
les conséquences de nos résolutions et enregistrent
à leur manière les effets de nos actions?

De quel droit agissons-nous, tant que le sens véritable de nos décisions nous échappe et que nous ne pouvons pas en deviner les suites ? De quel droit notre volonté se prend-elle elle-même pour objet, quand elle ne sait s'il n'en est point de plus noble qu'elle et s'il ne lui vaudrait pas mieux renoncer à elle-même ? Qui sait si nous n'entrons pas en lutte avec le monde vrai que les phénomènes nous cachent, lorsque nous nous appliquons au bien ?

— Qu'importe, dira-t-on, le combat de la volonté contre l'ordre physique ? Le devoir est plus noble que tout ce qu'on lui sacrifie.

— La question n'est pas là. S'il s'agissait d'une lutte contre des forces aveugles, il n'y aurait là rien qui pût nous détourner du devoir. Mais les lois physiques ne s'appliquent qu'aux phénomènes : elles ne sont pas le tout des choses. Quelles forces s'agitent sous les faits ? Nous l'ignorons. Nous ignorons si ce que nous nommons, non sans quelque dédain, fait naturel, n'est pas la manifestation, pour nous incompréhensible, d'un ordre surnaturel ? Et c'est ce que nous connaissons si mal que nous nous arrogeons le droit de mépriser !

Pouvons-nous légitimement réputer quantité négligeable toute cette fraction de l'être que le phénomène nous masque et où réside, nous dit-on, la réalité par excellence ? L'aspect sous lequel se présentait la lutte du devoir contre la nature se transforme. L'ardeur que nous mettons à obéir aux ordres les plus clairs de notre raison et aux inspirations les plus nobles de notre cœur ne fait peut-être que nous écarter davantage d'une destinée plus haute et plus glorieuse. Peut-être préférons-nous, victimes d'une illusion, que tout conspire à entretenir, le moins bon au meilleur, l'ordre qui contrarie la perfection véritable à celui qui en aurait réalisé le triomphe. Nos mouvements les plus généreux et toute cette laborieuse guerre contre les tyrannies du dehors et du dedans où une seule victoire suffit à nous rendre si fiers, tout cela ne serait donc que maladresse et sottise ! Nous ne devrions plus y chercher les marques de notre grandeur. Incapables de comprendre l'admirable enchaînement des faits, nous n'en saisirions pas la haute valeur et la beauté. Ainsi un spectateur, placé trop près ou trop loin du tableau, n'y aperçoit que des taches ou plus claires, ou plus sombres, et croit que le hasard seul les a distribuées çà et là. Il fait bon marché de l'œuvre et n'hésite pas à la sacrifier. L'artiste qui s'est mis au point de vue convenable et qui a retrouvé, sous l'apparent désordre des couleurs, la netteté et la grâce des lignes ainsi que l'harmonie des teintes,

suit sans songer à l'arrêter la main sacrilège qui
s'apprête à détruire le chef-d'œuvre et s'indigne
moins encore qu'il ne s'étonne d'un acte aussi
monstrueux. Sommes-nous donc des barbares et
faut-il s'en prendre de nos fautes à notre éducation plutôt qu'à notre volonté ?

S'il en est ainsi, conçoit-on situation plus
fâcheuse que la nôtre ? Nous sacrifions le bonheur,
qui lui-même eût été peut-être en désaccord avec
la suprême loi du monde, mais qui, si mélangé
qu'on l'imagine, nous aurait donné quelques jouissances solides. Et que recevons-nous en échange ?
une simple espérance. Nous ne pouvons qu'y perdre
et c'est un marché de dupe. Ne renonçons pas à
un bien présent comme le plaisir dans l'espoir
chimérique d'approcher toujours plus près d'une
perfection dont notre obéissance au devoir nous
éloigne peut-être chaque jour davantage.

Une objection se présente ici : « Pourquoi ces
hypothèses purement gratuites sur on ne sait
quelle perfection inconnue ? et en quoi compro-
mettent-elles la morale ? Le devoir n'est-il pas
d'obéir à notre nature raisonnable, quelles que
puissent être les conséquences de nos actes ? »

— Mais il s'agit justement de savoir si, en nous
soumettant à la loi portée par la volonté raisonnable,
nous obéissons à notre propre nature, si nous res-

tons autonomes. Or, qu'on ne l'oublie pas, ce que
nous sommes au fond, nous l'ignorons tant qu'on
nous refuse de saisir en nous le fond ultime de
notre être, tant qu'on ne tient pas la volonté raisonnable pour ce qu'il y a de plus intime, de plus
substantiel en nous, tant qu'on n'avoue pas enfin
qu'il n'y a rien à chercher derrière elle ou sous
elle, parce qu'il n'y a rien non plus qui soit situé
plus profondément qu'elle dans la réalité. S'il y a
des choses en soi, l'antagonisme peut donc exister,
je ne dis plus entre le dehors et nous, danger qu'on
peut considérer comme négligeable, mais entre
le fond ignoré de notre être et le devoir qui n'est,
après tout, qu'à la surface.

Qui sait si, pour être vraiment nous-mêmes,
nous ne devrions pas nous écarter le plus possible
de la vie consciente et de l'action réfléchie, répu-
diant une attitude qui ne nous a paru bonne jusqu'ici que parce que nous avons méconnu notre
véritable caractère ? Si une part quelconque de
nous-mêmes reste dans les ténèbres, peut-être est-
ce la plus durable, la plus nôtre et, absolument
parlant, la meilleure. Ce serait alors folie de
sacrifier le réel à l'apparence et la substance au
phénomène.

— On peut répondre, il est vrai, que la volonté
raisonnable a seule une valeur, que le reste n'est

pas digne d'être appelé nous-même et doit disparaître devant elle.

Mais en parlant ainsi on fait de la pensée la
mesure de l'être. On déclare qu'elle est apte à
discerner le mérite relatif des choses, bien plus,
que le droit d'exister n'appartient qu'à elle. On ne
laisse plus à la chose en soi que l'ombre de l'existence pour concentrer la réalité dans cette volonté
raisonnable où l'on voyait naguère un simple phénomène et dont on fait maintenant la forme éminente de l'être.

Il serait sans doute possible d'éviter cette in-
conséquence : on dirait alors que le devoir n'est
peut-être pas d'accord avec notre être tout entier;
on s'en consolerait toutefois, en pensant qu'il
exprime du moins quelque chose de nous et l'erreur où il nous fait tomber nous paraîtrait moins
cruelle, si elle n'avait ainsi, en dernière analyse,
d'autre auteur que nous-mêmes.

Ne comptons pas trop pourtant sur cette
apparente satisfaction : elle ne sera pas donnée à
qui ne condamnera pas définitivement les substances. Comment, dès qu'il subsiste des choses en
soi, nous assurerons-nous que, de nous seuls émane
l'illusion morale ? Savons-nous si nous nous pos-
sédons nous-mêmes? Ce qui fait l'essence et des
choses qui nous entourent et de notre constitution

nous demeure étranger et nous voudrions parler
des causes, de leurs rapports entre elles et avec
nous ! Ne se peut-il pas que notre être subisse
l'action de forces extérieures, lorsqu'il se croit
absolument maître de lui ? Allons plus loin : ne se
peut-il pas que nous nous attribuions à tort une
individualité et que ce que chacun de nous nomme
moi soit le produit du concours de forces externes,
non pas même la résultante du concours des atomes,
puisque, de l'atome au moins, on connaissait la
propriété principale ? Toute notre personnalité se
réduirait donc à la permanence durant un temps
plus ou moins long des relations qu'entretiendraient
ces forces entre elles. Que devient ici l'autonomie
de la volonté raisonnable ? Nous sera-t-il encore
permis de la présenter comme une fin en soi et
de la tenir pour l'auteur de sa propre loi ? Tout
cela est inséparable pourtant de la notion d'obligation morale.

Ne reçoit-elle pas sa loi du dehors, n'est-elle
pas un simple moyen pour ces forces inconnues
tendues vers un but qui échappe à nos regards,
pour cette puissance mystérieuse dont les desseins
impénétrables décident sans doute du sort de tout
ce qui existe ? Où est désormais la différence entre
les règles de conduite des volontés raisonnables et
les lois de l'instinct auxquelles obéissent les ani-

maux ? Ce sont les mêmes ressorts qui mettent en
mouvement l'être qui se consulte et délibère, aussi
bien que celui qui se porte immédiatement vers
l'objet du désir. Si notre pensée est réduite à
glisser sur les choses sans les pénétrer jamais,
nous n'aurons jamais non plus que l'illusion de
l'existence. Notre volonté ne sera qu'un mot, car
elle n'existe qu'à la condition de s'appartenir en
propre, de ne pas recevoir l'être du dehors et,
pour tout dire, de n'avoir pas d'autre auteur qu'elle-
même.

On essaierait vainement d'éluder cette objection
en prétendant que, valable contre les doctrines qui
se préoccupent de la matière de nos actes, de leur
liaison avec les choses et de leurs conséquences,
elle cesserait d'être opposable aux moralistes qui
se désintéressent du contenu de l'acte pour ne s'at-
tacher qu'à sa forme. Nous n'avons point dit, en
effet, qu'il fallût, pour juger de la valeur morale
d'un acte, considérer autre chose que l'intention
de son auteur. Mais il n'est pas malaisé de faire
voir que l'intention la plus formelle, la plus idéale,
la plus vide de toute matière n'est point nôtre
tant qu'on restreint, par quelque endroit, la souveraineté de la volonté raisonnable.

Tant que notre action est limitée par celles de
forces indépendantes de nous, l'exécution de nos

décisions n'est pas entièrement en notre pouvoir ou, si l'on aime mieux, nous ne pouvons jamais être tenus de *faire* quoi que ce soit. Car, lors même que les circonstances me permettent d'agir, ce n'est pas moi qui ai créé ces conjonctures favorables et, aussi bien dans l'adaptation des phénomènes du dehors que dans l'appropriation des mouvements de mon corps, ce sont des causes affranchies de toute sujétion à mon égard qui opèrent et font le succès de l'acte.

Reste notre vouloir qui, situé au point le plus intérieur de notre domaine, n'a besoin du secours d'aucun hasard heureux pour s'exercer et ne se subordonne à aucune puissance inconnue. — Ce n'est qu'une apparence. Vouloir, c'est se proposer un objet, et tout en laissant de côté les suites pratiques de la résolution comme étant du ressort de la nature, on ne peut se refuser à envisager le contenu mental de l'acte volontaire.

Or, il a fallu, à qui se propose un objet, au moins la connaissance de cet objet. Mais comment est-elle entrée en nous? Ce n'est point sur notre appel, puisque *faire* ne dépend pas de nous et qu'ainsi sur les actes de connaissance, pas plus que sur les autres, nous n'avons d'autorité absolue. Et quand on nous accorderait d'être en partie les ouvriers de nos représentations, on ne serait pas plus avancé

puisque nous n'aurions pas choisi l'objet auquel
nous nous serions appliqués. Imposé par des causes
étrangères, il est entré en nous avec notre aveu
peut-être; mais nous n'avions pas le choix et c'est
hors de nous qu'il faut chercher les raisons de sa
présence en nous.

Lors donc que notre volonté se fixe sur cet objet,
cela ne témoigne pas qu'elle se possède elle-même,
mais plutôt qu'elle se soumet et s'asservit.

Enfermée en notre conscience, insoucieuse du
résultat de notre acte, notre volonté n'est donc pas
encore vraiment à nous. D'où vient cela? de ce
qu'il y a encore une matière du vouloir. Sachons-
nous en dépouiller tout à fait, et le vouloir, enfin
dégagé et purifié, sera par là même affranchi. Il ne
faut pas vouloir telle ou telle chose; cela nous fait
esclaves. Mais vouloir le vouloir lui-même, c'est
n'emprunter rien à ce qui n'est pas la volonté
même, c'est faire naître enfin l'autonomie de la
volonté.

Mais quoi! ce vouloir qui maintenant se veut,
qui l'a voulu, lui? S'est-il créé lui-même tout
d'abord, par un acte souverain? ou né de causes
qu'il ignore, a-t-il, à un certain moment, appris à
se connaître et à se vouloir? Mais si c'est à cette
dernière hypothèse qu'on s'arrête, ne sommes-
nous pas joués quand nous pensons avoir dans le

vouloir par une suprême ressource qui sauvegarde
notre indépendance ? Quand il se prend lui-même
pour objet, c'est sous une inspiration qui n'est pas
la sienne.

Plus avant que lui dans l'être, résident les
causes vivantes et fécondes. Chassé de ses positions
successives et forcé dans ses derniers retranche-
ments, en vain il essaie de nous dissimuler son
néant ; il n'y a point de volonté ou la volonté pro-
cède d'elle-même. Le principe de la morale la plus
formelle est donc une affirmation concrète, non
logique, mais métaphysique.

A ne regarder que la volonté même qui se
résout et, abstraction faite de tout ce qui touche à
l'exécution du dessein une fois formé, ou même de
ce qui le différencie d'un autre dessein, à ne considérer, en un mot, que le pur vouloir, nous ne saurions affirmer que la seule chose bonne est la
volonté de faire le bien sans nous prononcer tacitement sur l'existence de cette volonté, sans reconnaître sa radicale indépendance. L'intention de
faire le bien n'existera pas, si, l'origine de la
volonté demeurant obscure, on peut craindre que
celle-ci ne soit pas maîtresse d'elle-même.

Environnons-la de puissances inconnues et nous
lui ôterons la certitude qu'elle se gouverne elle-
même. Or, pour que le bien se fasse, ce n'est pas

assez qu'il soit notre œuvre; il faut encore que
nous ne puissions pas douter de notre paternité.
Une inquiétude, si faibles qu'en soient les motifs,
portant sur ce que nous sommes et — chose plus
grave, — sur le point de savoir si nous sommes :
et c'est assez pour que la distinction du bien et du
mal s'obscurcisse, pour que nous soyons autorisés à
hésiter dans l'affirmation de nous-mêmes, pour
qu'enfin le sort redevienne, sans déraison de notre
part, l'arbitre de notre conduite. Tout ce qui se
cache à nous, nous dissimule peut-être, sous des
semblants de liberté, notre sujétion à l'égard d'on
ne sait quelles mystérieuses influences.

D'autre part, si l'acte moral consiste pour la
volonté à se prendre elle-même pour objet, encore
faut-il qu'elle soit sûre de n'être pas en tant qu'elle
veut différente de ce qu'elle est en tant que voulue. Par là, nous voyons que ce qu'on pourrait
nommer l'autogenèse de notre activité raisonnable
n'est pas la seule condition requise pour qu'il y
ait moralité : l'identité du vouloir réfléchi et de
son objet implique persévérance de la volonté et
garantie à nous donnée de cette persistance.

C'est donc au sacrifice de tout ce qui serait hors
de la pensée que nous voici maintenant mis en
demeure de consentir. Car si quoi que ce soit
d'irréductible à elle trouve grâce à nos yeux, c'est

d'un changement total que nous sommes à chaque
instant menacés. L'esprit est en danger de périr et
ce serait encore pour lui périr que de se transformer. La volonté n'est plus sûre, en se visant, de
s'atteindre elle-même. Le devoir ne trouve plus de
refuge, serait-ce dans l'intention la plus dégagée de
toute matière. Ainsi, dès qu'on ne considère pas
la volonté raisonnable comme le principe auquel
tout se ramène, dès qu'on laisse subsister quelque
chose qui ne reconnaît point sa suprématie, on la
soumet à d'imprévisibles influences et l'on porte un
coup mortel à l'obligation morale.

Un moyen de concilier le devoir avec l'existence
des choses en soi semble s'offrir à nous dans l'idée
d'un être infiniment juste et tout-puissant. Cet être
ne permettrait pas, en effet, la réalisation des
hypothèses que nous venons d'énoncer. Ayant
suivi avec un bienveillant intérêt les efforts tentés
par les hommes pour devenir meilleurs, il ne tolé-
rerait pas que leurs peines fussent perdues, ni
leur but manqué. Il n'abandonnerait pas le monde
aux caprices du sort et ne manquerait pas de
garantir à la volonté raisonnable cette stabilité
sans laquelle elle ne remplirait pas sa fonction.

Mais quoi! nous ne connaissons pas Dieu dans
son essence, du moins si l'on accepte les conclusions de la philosophie des substances: Où donc

prenons-nous l'idée de la justice et de la bonté
divines, sinon dans la loi morale elle-même dont
nous faisons ainsi la règle suprême, capable de
s'imposer à Dieu comme elle s'impose à nous.

Si Dieu ne diffère pas pour nous de l'idéal moral
c'est que nous n'hésitons pas à nous ériger,
comme doués de volonté et de raison, comme êtres
moraux, en juges souverains de la réalité. Pour
être tout à fait fidèles à la doctrine des choses en
soi, nous devrions dire que nous ne savons si Dieu
est foncièrement intelligent, juste et bon.

Ou bien si nous faisons de Dieu le consomma-
teur de la sainteté, nous le subordonnons, en
quelque sorte, lui-même à la loi que se dicte la
volonté raisonnable et nous proclamons que celle-
ci règne sans partage sur les choses. Au contraire,
persistons-nous à parler d'existence substantielle ?
le concept même de Dieu n'est plus d'aucun
secours dans l'ordre moral. Désintéressé d'une loi
qui n'est pas la sienne, Dieu n'interviendra pas
pour en affermir l'autorité, ni plus simplement
pour en faciliter ou en rendre possible l'exécution.

Telles seraient donc les conséquences logiques
où nous conduirait une foi obstinée aux substances :
l'autonomie de la volonté raisonnable ne peut plus
être établie et la morale disparaît avec elle.

On ne nous accusera pas d'ailleurs d'avoir discuté la valeur de la loi morale et d'avoir marqué peu de respect pour elle en en éprouvant l'autorité. Nous nous sommes bornés à dire qu'on ne peut à la fois maintenir l'inconnaissable et accepter avec nous le devoir. Il ne faut pas discuter l'obligation de bien faire : c'est aussi ce que nous prétendons. Mais ne la point discuter, c'est précisément lui reconnaître une absolue valeur et soutenir qu'aucun doute ne doit l'effleurer. Nous l'avons même prise telle quelle et sans nous préoccuper de savoir si le bonheur est assuré à ceux qui s'y seront soumis, pour prix de leurs efforts. Il nous fallait simplement déterminer à quelles conditions on peut se savoir assujetti au devoir. Nous avouons qu'il n'y a pas d'inconvénient à regarder les sanctions comme incertaines et que cette incertitude donne plus de mérite au respect dont nous témoignons à l'égard de la loi. Mais le doute ne peut pas porter sur l'autorité de la loi, et affirmer résolument cette autorité, c'est convenir qu'il n'y a rien qui soit au-dessus d'elle.

Et maintenant, comment sauverons-nous l'autonomie de la volonté dans le sens où elle est liée à l'obligation morale? Nous n'avons pas le choix. La volonté ne peut se donner à elle-même sa loi que si elle est radicalement indépendante, que si elle n'est conditionnée par rien, que si elle est, non une forme subordonnée, mais la forme des formes, l'être par excellence, la réalité éminente de laquelle tout le reste dépend.

Nous refuse-t-on le pouvoir d'atteindre dans la pensée le fond de l'être ? avec la science et la certitude, s'évanouit la moralité. Renonçons donc aux choses en soi, aux substances cachées à tout regard et avouons en même temps que, sans l'unité et l'identité réelles de l'esprit directement aperçues par la réflexion, il n'y aurait ni représentation, ni existence, ni action. A la racine de tout ce qui est se retrouve l'activité inépuisable de la pensée.

Dès lors, quelle crainte pourrons-nous avoir lorsqu'il faudra agir, lorsqu'il sera question d'imposer notre loi aux choses? Redouterons-nous d'être les dupes d'une illusion qui nous ferait prendre pour la perfection ce qui n'en serait que le simulacre ? Aurons-nous peur qu'une déception, plus complète encore, nous présente, comme une obéissance voulue à notre propre nature, un esclavage inconscient imposé par des puissances inconnues et où nous nous écarterions du bien parce qu'on nous en offrirait une trompeuse image?

Mais d'où viendrait une semblable erreur, si rien ne nous est étranger, si tout est placé dans la dépendance de notre vraie nature, si tout reçoit notre loi, si tout ce qui est sort de nous-mêmes ?

Avec la souveraineté restaurée de la volonté raisonnable se raffermit l'empire du devoir, un instant ébranlé. Mais comment la pensée, soustraite elle-même à toute action étrangère, domine-t-elle les choses, nous domine-t-elle nous-mêmes?

Est-ce comme un principe qui se développe nécessairement, mécaniquement en elles et en nous?

Mais nous retournons ainsi à un fatalisme aveugle qui donnera à tout fait la même valeur, qui effacera toute différence de perfection entre les choses.

Si nous cherchons la volonté raisonnable en arrière, si nous en faisons un point de départ, nous la plaçons dans la durée et sa prééminence n'est plus qu'antériorité, priorité historique, supériorité apparente et de hasard.

Et si elle se développe inévitablement dans le temps, si elle se répand selon des lois invariables dans les cadres de l'espace, en quoi se distingue-t-elle de la nécessité physique? Ne devient-elle pas responsable de tout, même de nos défaillances? N'est-ce point elle qu'il faut accuser du mal, sous quelque forme qu'il se présente?

Le devoir, dans cette hypothèse, perd toute signification. Nous ne pouvons en l'accomplissant

que nous éloigner de la perfection originelle et
toute action de notre part est un non-sens.

Mais c'est en vain que nous tenterions de sauve-
garder l'indépendance de la volonté raisonnable en
la plaçant dans le passé. La traiter ainsi, c'est la
dépouiller de l'autonomie, la rabaisser au rang de
chose limitée par celles qui l'ont suivie, sinon par
le temps antérieur à elle que nous devrions forcément nous représenter pour la situer elle-même
dans la durée.

Non, ce n'est point au début chimérique du temps
qu'il faut aller chercher la pensée souveraine ! Il
n'est pas besoin de revenir sur nos pas pour la
découvrir. N'est-elle pas comme le terme intérieur
de notre progrès, comme notre raison d'être et la
fin de nos actes, comme le but que nous apercevons
en nous lorsque, nous ressaisissant au lieu de nous
disperser, nous sommes vraiment nous-mêmes ?

Et si, hors de la volonté raisonnable, il n'y a rien,
croire au bien ce sera encore admettre qu'elle est
l'unité à laquelle toutes choses aspirent et à qui
elles doivent déjà tout ce qu'il y a de réel en elles.

Ne fallait-il point la plus étroite union entre la
pensée parfaite et le monde imparfait qui cherche
à l'exprimer, pour que chaque être fût, à sa
manière, la réalisation partielle et comme l'ébauche
de l'existence véritable qui est possession de soi et

radicale indépendance ? La perfection nous est, selon une parole célèbre, « plus intérieure que notre intérieur ».

Il n'est donc pas nécessaire à l'existence du devoir qu'aucun changement ne puisse avoir lieu dans les choses. Il suffit que le changement ne puisse atteindre le fond même de l'être, que le progrès ne soit que le développement et l'achèvement de ce qui est, que l'ordre futur ne détruise pas l'ordre actuel, mais l'enveloppe et le complète, comme l'arbre contient encore le germe dont il a révélé les forces secrètes et dont il multiplie à l'infini la puissance par sa propre fécondité.

A vrai dire, la liberté n'est pas plutôt en avant qu'en arrière ; elle est l'être dans sa plénitude, toujours en contact avec nous, toujours présent partout, à qui toutes choses doivent d'exister et d'autant mieux connu de nous que nous nous connaissons mieux nous-mêmes.

Mais ne venons-nous pas de nous contredire en parlant de ce que sont les choses après avoir déclaré que rien ne peut exister en dehors de la pensée ? Et, d'un autre côté, si, pour rester d'accord avec notre principe, nous supprimons toute existence étrangère à la nôtre, ne détruisons-nous pas les objets de l'obligation et ne rompons-nous pas avec le sens commun ?

Le cas serait embarrassant s'il nous fallait choisir entre deux partis également inacceptables quoique pour des raisons diverses. Heureusement les deux termes de l'alternative ne sont pas inconciliables et nous ne désespérons pas de montrer que nos principes s'accordent fort bien avec le sens commun, bien plus, qu'ils peuvent se réclamer de lui pour obtenir notre adhésion.

Rien n'empêche, en effet, que nous conservions aux personnes et aux choses leur réalité propre, tout en voyant dans la volonté raisonnable l'unique source des existences. Si, après examen, nous avons conclu à l'impossibilité de croire à la fois à l'obligation morale et aux substances, les raisons qui nous y ont contraint et qui ne souffrent pas que l'on parle de choses *en soi* lorsqu'on admet l'autonomie de la volonté, ces raisons n'excluent nullement l'existence d'êtres *pour soi*, ayant une vie intérieure plus ou moins consciente, et plus ou moins voisine de la nôtre, obéissant aussi d'une façon plus ou moins docile à l'attrait d'une perfection qui ne se dérobe pas entièrement à eux, puisque s'ils ne se rattachaient pas à elle et, par elle, à nous, ils ne sauraient participer à l'existence, ni entrer dans la connaissance. Ainsi, de semblables êtres seraient, par leur constitution même, entièrement soumis à la pensée et loin d'ébranler l'autorité de la volonté raisonnable ne pourraient que l'étendre et la fortifier à nos yeux en lui ouvrant des mondes et en transportant son règne bien au delà des bornes de notre individualité.

Rattachés à notre propre existence intime qui serait aussi la leur, nos semblables y prendraient une réalité bien moins contestable que cette inconcevable existence substantielle, qui, en les séparant absolument de nous, ne laissait place, semble-t-il, ni à une action réciproque ni à des devoirs mutuels entre eux et nous. Il ne s'agit pas ici d'absorber les autres en ce que, en nous, nous distinguons d'eux, dans les façons de penser et d'agir par lesquelles justement nous nous opposons à eux. La tentative serait absurde.

Mais qu'on veuille bien y réfléchir, on constatera qu'en dernière analyse, c'est à nous que viennent aboutir toutes les connaissances, toutes les actions dont se compose l'expérience la plus riche et, si cette expérience se grossissait encore, elle ne nous remplirait pas pour cela et nous demeurerions aptes à recueillir toujours de nouveaux faits, à assister toujours à de nouveaux spectacles. Autre chose est donc notre personnalité, autre chose notre individualité.

S'il nous est facile de ne pas confondre avec ce qui nous entoure, cette série incessamment renou-

velée d'états que notre conscience empirique à la
fois distingue du reste des faits et relie en un fais-
ceau que nous appelons notre vie, aucun moyen,
par contre, ne nous permet de détacher de notre
conscience pure une seule des choses qui sont en
rapport avec nous (car ce serait nier ce rapport
dans le temps même qu'on l'affirme); aucun moyen
surtout ne nou. est donné d'accorder notre autonomie avec l'existence de choses affranchies de toute
sujétion à l'égard de la pensée, c'est-à-dire inintelligibles et inintelligentes. Ce n'est pas une loi semblable à la nôtre qui doit régir les autres activités;
car on ne peut jamais s'assurer d'une telle ressemblance. Une comparaison devrait être faite et c'est
en nous, que devenue, sinon nôtre, du moins relative à nous, cette loi extérieure serait confrontée
avec celle qui nous est propre. Une identité parfaite et non une plus ou moins lointaine analogie
dans les principes de vie, voilà le seul lien solide
qui puisse maintenir l'unité de monde moral. Différents de nos semblables, nous le restons assez,
puisqu'au regard de l'unité supérieure de notre
conscience, nous ne sommes, comme individu qu'un
groupe de faits sous une loi subordonnée à notre
loi la plus intérieure et que les autres hommes se
définissent pour nous, exactement de même. Mais
ce n'est pas ce groupe de faits purement naturels

qui nous constitue à titre d'être moral. Autrement
il y aurait de moi à ceux qui ne sont pas moi ou
une pure différence empirique et conventionnelle,
ou, si l'on veut revenir à une séparation complète,
un abîme infranchissable à l'action. C'est la relation
même de notre existence naturelle à notre existence absolue, c'est la connexion même de cette vie
inférieure à la vie supérieure, c'est la soudaine
révélation que nous ne devenons pas seulement,
mais que nous sommes, c'est le passage saisi dans
son acte, de la liberté infinie aux spontanéités
finies qu'elle suscite, c'est tout cela, à la fois nature
puisque je relève du temps et de l'espace, et surnature puisque la nature sitôt qu'elle apprend à se
connaître elle-même se dépasse et se transfigure;
c'est tout cela qui fait l'homme moral et donne un
sens au devoir.

Exclusivement naturel, l'homme ne serait pas, à
proprement parler. Son unité factice et provisoire,
il serait toujours légitime de la fractionner, à
moins qu'il ne plaise de l'absorber, au contraire,
dans un tout plus étendu. Concentré dans une unité
absolue et hétérogène à la nature, l'homme cesserait, par contre, d'appartenir à la vie. Son corps
ne serait plus à lui et toute action lui serait inter-
dite, comme aussi toute pensée des choses, s'il n'y
a pas de pensée sans action.

Mais si, partie intégrante de la nature il se connaît comme tel et ne peut se tromper sur le rôle qu'il est appelé à y jouer, il consacre donc la nature et la ratifie en tant qu'elle s'unit à l'idée de la nature, en tant que, prenant conscience d'elle-même, elle se voit, en cela, une et bonne, constate qu'elle n'était pas, tant qu'elle s'ignorait, et qu'elle commence à être, dès qu'elle s'apparaît à elle-même.

Or, qu'en une infinité de points à la fois se produise cette connaissance plus ou moins nette de la nature et voilà la diversité des volontés rétablie sans préjudice de leur unité fondamentale dans la primauté de cette connaissance des choses qui n'est point nature puisque la nature n'existe que par elle. Ainsi rayonne l'ardeur d'un cœur généreux; dans toutes les âmes qui l'approchent et qui s'échauffent à son contact naissent les nobles désirs et s'allume la flamme des héroïques enthousiasmes. Ce ne sont plus elles qui vivent en elles et pourtant il leur semble qu'elles peuvent être fières d'elles-mêmes. Leur être ne s'est donc pas renouvelé; il s'est purifié. Elles viennent de se découvrir. Elles ne changent pas de vie : elles commencent à vivre.

Mais ne risquons-nous pas maintenant de prendre une trop grande confiance en nous-mêmes. Dire que, par notre entremise, le bien doit transfigurer

la nature, n'est-ce pas nous investir de tous les
droits et mettre la justice en péril ?

Il est bien vrai que, dans notre doctrine, l'équité
n'est qu'une forme de l'amour et que le premier
mot de la justice est charité. Nos semblables ne
nous sont sacrés que par l'union intime qui est entre
eux et nous. Mais le respect des droits d'autrui n'en
saurait être amoindri.

Car si nous sommes tenus d'aider nos semblables
à conquérir la liberté par la raison, ce serait une
étrange façon de les servir que de leur ôter la disposition d'eux-mêmes. La conscience ne peut sortir
que d'elle-même ; on ne peut l'apporter de dehors.
Penser, c'est avant tout exister pour soi. L'unité
d'un être ne peut lui venir de ce qui n'est pas lui,
car elle serait dualité.

Nous devons donc respecter les autres, c'est-à-dire
leur permettre de se développer, nous bornant à
les solliciter doucement à ce travail d'enfantement
de la pensée par elle-même. Là où nous imposerions
de force notre volonté, nous détruirions la réalité
propre à l'être et nous retarderions bien loin de
l'avancer le progrès du bien. Se mettre à la place
de l'être en qui l'on doit faire éclore la spon-
tanéité, premier degré de la liberté, c'est tuer en
lui la pensée, sous prétexte de travailler à l'y faire
naître. A nos yeux comme pour le sens commun

la charité n'est possible que si la justice est sauve.

Mais n'est-ce pas maintenant la bonté qui va paraître compromise? et ne concevons-nous pas l'acte moral sous une forme qui lui enlève tout mérite? Où le désintéressement fait défaut manque aussi la fleur et comme le parfum de la moralité. Or, comment l'abnégation serait-elle encore possible si nous avons eu raison de soutenir qu'on ne sort jamais de soi-même? Que devient le dévouement et le sacrifice? La vraie charité ne va point sans le don de soi-même.

A ces objections, nous répliquons que l'acte moral ne saurait avoir les caractères qu'elles lui supposent. Nous nier nous-même, cela est impossible, étant contradictoire, par définition. Il faudrait — on nous l'accordera, — une détermination qui fût nôtre, pour consommer notre sacrifice. Voilà l'inconcevable. Car le moi qui se résout à périr va puiser une vie nouvelle dans la mort de ce qu'il détruit. Et si l'on ne veut pas que, nouveau phénix, il renaisse perpétuellement de ses cendres, c'est par quelque chose d'étranger à lui-même qu'il faudra le faire anéantir.

Mais alors, ce n'est plus de renoncement qu'il s'agit et nous ne sommes plus pour rien dans un événement que nous subissons sans l'avoir aucunement provoqué.

Se sacrifier, ce n'est donc pas cesser d'être au profit d'autrui; l'hypothèse est absurde. C'est subsister au fond. Lorsque l'on nous convie à abandonner quelqu'une de nos manières d'être, à retrancher quelque chose de nous, cette invitation n'a de sens et nous ne pouvons y déférer qu'autant que ce qui est essentiellement nous, loin de disparaître, assiste à ce sacrifice et y préside.

Les mêmes raisons prouveraient davantage : que nous ne consentons jamais à perdre ce qui nous apparaît comme inhérent à notre être et comme constitutif pour lui. L'abnégation est donc plutôt dans la destruction de tout ce qui ne nous est pas essentiel, de ce qui n'est pas vraiment nôtre que dans je ne sais quel inintelligible don entier de nous-mêmes.

Se donner soi-même! oui, cela est possible, mais à celui-là seul qui, sûr de se retrouver en autrui, n'hésite pas à franchir les limites fictives et mouvantes de l'individualité, pour se reconnaître et se ressaisir lui-même en tout ce qui se hausse à la vie intérieure et en elle s'unit à nous. Et pourquoi, s'il n'en était pas ainsi, nous attacherions-nous aux êtres, non en proportion de ce qu'ils ont fait pour nous, mais en raison même de ce que nous avons fait pour eux?

Nous reprochera-t-on d'en revenir ainsi à traiter

nos semblables comme des moyens de notre amélioration morale? Nous ne songerions plus, comme dans les doctrines empiriques, à nous procurer des joies très nobles en nous dévouant et en nous prodiguant à autrui; mais ce serait pour faire notre devoir que nous nous servirions d'eux et nous n'en cesserions pas moins de les considérer comme des fins.

Insoluble si nous envisagions les autres comme vraiment autres, c'est-à-dire comme radicalement séparés de nous, la difficulté s'évanouit si l'on réfléchit que, pour nous, il n'y a point de distinction absolue entre eux et nous et qu'en les aimant du véritable amour ce n'est pas moins à eux qu'à nous que nous nous attachons.

Bien mieux, comment le don de soi serait-il possible de la part d'un être qui ne se posséderait pas lui-même? On concevrait encore que, dépossédés de nous, nous agissions avec douceur: mais cela témoignerait plutôt d'une faiblesse constitutionnelle ou acquise que de notre force et de notre courage.

Ainsi, à quelque point de vue que l'on se place, l'autonomie de notre être et l'hégémonie de la pensée sont impliquées dans la moralité.

Nous ne nous dissimulons pas d'ailleurs le véritable caractère de toutes nos déductions; elles sont hypothétiques. A qui nous refusera nos pré-

misses, nos conclusions ne sauraient s'imposer.
Mais dès qu'on accepte l'obligation morale, alors il
faut bien nous suivre jusqu'au bout et avec le principe adopter les conséquences qu'il entraîne. S'il
y a un devoir, il n'y a que la pensée au fond de
nous et au fond de tout ; voilà ce que nous voulions
démontrer, et nous croyons y être parvenu.

DEUXIÈME PARTIE

X

De l'idée de la connaissance à l'idée de la moralité, le passage est possible, il est inévitable.

Il y aurait contradiction à nous refuser le droit de partir de
l'idée de certitude. La question préliminaire qui se présentait à propos de l'obligation ne se pose donc pas ici.

Nous croyons avoir démontré que si l'être ne se
confond pas avec la pensée, l'homme est à jamais
incapable de discerner le bien du mal et que
l'obligation morale n'existe pas pour lui. Il nous
reste à remplir la seconde partie de notre tâche.
Là les rôles vont être intervertis. Ce ne sera plus
le savoir, ni l'Idéalisme qui le garantit, qui nous
apparaîtront comme les conditions de la moralité;
c'est au contraire l'obligation morale qui va nous
sembler impliquée dans la connaissance, non seulement par cela même que nous nous jugeons
aptes à posséder la vérité, mais encore par cela seul

que nous connaissons et que nous affirmons notre
droit à connaître, allât-on jusqu'à admettre que
notre représentation des choses les déforme et les
dénature.

Entre la spéculation et l'action, on ne se contente point d'ordinaire de mettre des différences,
on institue une véritable opposition. En quoi,
demande-t-on, l'une aurait-elle besoin de l'autre si
nous ne pouvons nous jeter dans la mêlée sans
nous départir du sang-froid nécessaire à l'observa-
teur et si, réciproquement, tout sollicite à un égal
degré la curiosité du spectateur clairvoyant et a
pour lui le même intérêt ? D'autres raisons encore
ont été invoquées pour les séparer. A ceux qui,
convaincus de la faiblesse de l'esprit humain, se
sont effrayés du sort qui attendait la morale si ses
destinées restaient liées à celles de la science, il a
paru urgent de prononcer le divorce. Ainsi, soit
que l'on revendique pour notre faculté de connaître le droit de se développer librement et de
demeurer exempte de toute tutelle morale, soit
qu'obéissant à des préoccupations d'un tout autre
ordre, on veuille, au contraire, mettre le devoir à
l'abri des coups mortels qu'on juge avoir été portés
au savoir, dans les deux cas on se croit obligé de
constituer à chacun son domaine distinct soumis à
des lois propres. Dire que, de l'idée de la connais-

sance à l'idée de la moralité, le passage est possible
bien plus, qu'il est inévitable, ce n'est donc pas
énoncer une vérité incontestée et nous allons avoir
à démontrer ce que nous venons d'avancer.

Lorsque nous avons cherché à mettre en lumière
la conception des choses qui se cachait dans le fait
de l'obligation morale, nous avons pris ce fait pour
accordé en ce qu'il a d'essentiel ; nous avons toutefois tenté de faire voir qu'on ne pouvait, par
aucune raison décisive, nous contraindre à le rejeter.

Suivant ici une marche semblable, nous n'essaierons pas de prouver qu'il y a une certitude. Il
suffit au succès de notre entreprise que nous déga-
gions de la notion même d'une vérité acessible à
l'homme, l'affirmation de l'ordre moral par la distinction du bien et du mal. La question préjudi-
cielle qui se présentait à propos du devoir ne se
pose point au sujet de la certitude. On pouvait,
sans se contredire, prendre l'engagement de prouver qu'il n'y a point de loi morale dont l'autorité
s'impose à l'homme. Il y aurait absurdité, par
contre, à vouloir démontrer que la certitude est
inaccessible à l'homme puisque notre impuissance
du moins serait alors un fait incontesté. De ceux
qui professent le doute et savent prendre l'attitude
qui leur convient nous n'avons donc pas à redou-

ter qu'ils nous somment de ne point parler de certitude, ou qu'ils nous empêchent d'en rechercher
les conditions.

A plus forte raison nous laisseront-ils libres d'examiner si l'acte de connaissance le plus simple et le
plus humble n'enveloppe pas une vérité morale et
une doctrine de la vie.

XI

Affirmer la vérité même formelle d'un jugement, c'est produire une assertion métaphysique. — Le concept même
de certitude, abstraction faite de toute application particulière, enveloppe l'immutabilité de la pensée.

Dire « cela est », voilà la forme la plus simple
de l'affirmation. Or, il n'en faut point davantage
pour nous permettre de retrouver les conditions du
savoir. Quel que soit le sujet du jugement, lorsque
je prononce qu'il est, je ne me contente point de
me le représenter, car je puis le penser sans lui
accorder l'existence. Il ne m'apparaît donc pas simplement, mais encore il s'oppose à moi comme
puisant ailleurs que dans ma volonté ou dans ma
constitution individuelle une réalité telle qu'un
autre que moi pourrait y rencontrer la matière
d'une connaissance et l'occasion d'un jugement. Le
détachant ainsi de moi, ai-je tort ou raison ? On le
saura plus tard. Mais ce qu'on peut dès maintenant observer c'est qu'en attribuant l'être au sujet
de l'affirmation, je fais un double usage de ma
représentation. Elle était mienne et n'a pas cessé

de l'être, puisque le jugement demeure mon jugement. Mais en même temps je l'ai comme aliénée,
puisqu'en disant qu'elle est je l'ai reconnue à titre
d'être distinct de moi. Ainsi du jour de l'affranchissement, l'esclave, jusqu'alors juridiquement inséparable de son maitre, recevait une personnalité
propre et commençait à avoir des droits.

Ce n'est point, il est vrai, ma représentation qui
me semble être sortie de moi pour vivre au dehors ;
c'est, au contraire, du dehors que je crois l'avoir
reçue et introduite en moi. Il n'est pas indifférent
que j'aie reçu ou donné, et nous aurons bientôt à
décider sur ce point. Mais le sens du jugement
reste le même dans les deux cas : le dédoublement
de l'idée y est toujours exprimé. Ce que je pense y
est présenté comme mon état propre et aussi comme
l'état de quelque chose qui n'est pas moi. « Cela
est » signifie « Cela *pour moi* » est cela, « *tout
court* ». Quand j'ai ainsi trouvé, en quelque sorte,
deux faces à mon idée, j'en viens à admettre que
cela a été *tout court* avant d'être *pour moi*. A ce
moment je devrais renverser l'ordre des termes.
Mais je ne puis oublier pourtant que cela a forcément été pour moi avant que je le considère
comme étant purement et simplement.

Au point de vue psychologique les termes
doivent donc être maintenus dans l'ordre où nous

les plaçons instinctivement. La suite naturelle est peut-être aussi la plus logique, car rien ne nous a démontré encore que les choses pussent être pour soi avant d'être pour nous. Mais si c'est de dehors qu'est venue l'idée, la vérité du jugement exige qu'une concordance parfaite existe entre ce qu'est — de son côté, — le sujet du jugement et ce qu'il est dans la représentation. Qu'il y ait, si minime soit-elle, une cause de non-conformité, et avec la connaissance ou le seul soupçon de cette cause nous voici incapables d'affirmer jamais sans réserve.

On dira peut-être que telle est notre situation et que nous ne réussissons, en aucun cas, à éloigner de nous toute inquiétude touchant la valeur de nos jugements. Cependant, outre qu'on nous enlève ainsi l'usage d'un droit que tous les hommes croient posséder, on s'enlève encore à soi-même les moyens de soutenir ce que l'on avance. Nous ne faisons d'ailleurs aucune difficulté d'avouer que nous ne réfuterons pas cette objection : on ne triomphe jamais d'un adversaire qui se dérobe sans cesse.

Mais nous sommes tenus de nous expliquer sur un autre point. Le jugement tel que nous l'avons analysé, n'est qu'une des formes de l'affirmation. Il implique bien concordance entre ma représentation et ce dont elle est la représentation. N'y a-t-il pas une autre forme du jugement qui ne met en jeu que ma pensée et partant n'exige aucune conformité entre ce qui est en elle et ce qui est hors d'elle. L'accord de ma pensée avec elle-même suffit à garantir les propositions de ce genre. Point n'est besoin dès lors de rechercher les lois de la vérité objective. La certitude réside dans un acte purement intérieur et qui n'intéresse que moi. Du moins on peut lui conserver ce domaine intime, même après lui avoir fermé l'accès de ce qui nous est extérieur. La vérité formelle subsiste, garantie par le principe d'identité.

Qu'est-ce donc que ce principe ? Ce n'est pas sans doute la simple affirmation que les choses sont ce qu'elles sont dans le temps que je les pense et sous l'aspect où je les envisage. On ne pourrait rien faire sortir d'une telle proposition. Un jugement ne s'énonce que dans un temps donné aussi court qu'on le voudra, mais réel toutefois. De l'instant où je pense le sujet à celui où je pense l'attribut, un intervalle s'écoule. Faisons-le aussi bref qu'il conviendra de l'imaginer. Qu'adviendra-t-il si l'on ne voit dans le principe d'identité que cette déclaration : « Une chose est ce qu'elle est au moment même où on la considère ? » Ne voit-on pas qu'il n'y a plus ici de quoi assurer la validité

du jugement le plus simple et le plus rapide.
Comment saurai-je en effet que l'attribut que je
rattache au sujet se relie bien à ce qui tout à l'heure
était pour moi le sujet. Durant ce saut que j'ai
fait de l'un à l'autre, ma pensée n'a-t-elle pas pu
se transformer ? Et si je rejette immédiatement
cette hypothèse, si je ne puis y trouver une raison
suffisante de douter de l'esprit, n'est-ce pas que
j'étends à l'avenir et au passé ce principe d'identité qui, réduit au présent, bien loin de sauver la
vérité formelle de mon jugement, ne serait même
plus intelligible ? Or c'est là une affirmation qui
nous fait passer de l'ordre logique à l'ordre métaphysique. Car, si le principe d'identité n'est pas
le stérile jugement que ce qui est est au moment
qu'il est, jugement conciliable après tout avec la
ruine du savoir et l'abolition de tout acte intel-
lectuel, il est donc un acte de foi dans l'invariabilité des lois internes de la pensée, c'est-à-dire dans
l'indépendance absolue de l'esprit. Mais quelque
biais que l'on prenne pour éviter d'en arriver là,
cette existence stable de la pensée, nous ne pouvons l'admettre sans supposer tacitement que nul
danger ne la menace et que les choses, si elles ne
la favorisent, du moins ne lui font point obstacle.
Dans le jugement le plus formel se trouvait donc à
l'état latent une assertion objective. Donc lorsque

nous ramenions toute proposition à la forme
« cela est », et quand nous découvrions dans cet
énoncé même une déclaration portant sur la correspondance de la représentation et des choses
représentées, nous n'avions fait qu'en tirer ce qui
s'y trouvait renfermé.

Nous sommes maintenant autorisés à dire que,
s'il y a une certitude, elle ne peut se présenter à
nous que comme objective et c'est sous cet aspect
que nous allons avoir à la considérer. De quoi
sommes-nous certains ? C'est ce que nous n'avons
pas à considérer maintenant. Il importe peu, en
effet, que nous connaissions telle ou telle vérité,
pourvu que l'idée même d'une certitude, sur
quelque objet qu'elle porte d'ailleurs, soit clairement définie. C'est donc la forme, et non la
matière d'une connaissance réputée certaine, qui
doit nous intéresser tout d'abord et qu'il faut analyser. Peut-être l'étude de la forme nous éclairera-
t-elle sur le contenu, peut-être nous permettra-t-elle
à elle seule de déterminer ce contenu. Mais, pour
ne pas nous engager en de longs débats inutiles,
nous nous garderons de produire dès le début
aucune assertion positive.

Être certain, c'est exclure le doute touchant
l'objet de notre connaissance. Si nous pouvons
encore osciller entre des opinions contraires, s'il y

a quelque hésitation ou réserve dans notre adhésion, l'affirmation ou la négation n'est pas franche : le doute subsiste, nous ne sommes pas certains. Dans l'esprit qui se sait ou qui croit se savoir — et pour lui c'est tout un, — en possession de la vérité, nulle restriction, nulle retenue, si l'on ose dire, dans l'acte par lequel il s'avoue convaincu ! Soit que revenant sur le passé, il compare ce qu'il a pensé à ce qu'il pense présentement, soit que se transportant en imagination dans l'avenir le plus éloigné et y cherchant ce qui pourrait fortifier ou affaiblir son opinion actuelle, il mette ainsi en face de cette opinion tout ce qui pourrait la compromettre ; dans tous les cas, si vraiment nous sommes certains, ces comparaisons, loin d'ébranler notre confiance, ne font que la grandir et la confirmer. Une concordance absolue entre toutes nos façons de penser, du moins sur ce qui touche l'objet considéré, voilà une première condition de la certitude. Il en est une autre, car ce ne serait pas assez d'être en conformité d'opinions avec nous-mêmes.

Quand nous sommes assurés qu'il n'y a dans notre passé, qu'il n'y aura dans ce que nous voyons déjà remplissant la suite de notre existence, rien qui puisse menacer notre actuelle conviction, cela nous empêcherait bien de craindre un changement d'opinion dont nous serions nous-mêmes l'instigateur; mais en quoi cela prouverait-il qu'il y a correspondance entre nos façons de penser et ce qui est extérieur à nous? S'il y a quelque chose d'étranger, comment pouvons-nous jamais sortir d'inquiétude? Pour y parvenir, nous avons bien les déclarations de notre propre conscience. Il nous semble, qu'en certains cas du moins, le doute n'est pas possible et qu'il suffit de notre bon sens pour nous empêcher d'y tomber d'une façon complète. Mais dans quel cas? Le dire, n'est-ce pas donner un corps à notre affirmation et nous avancer trop? Non : il se peut que je me trompe, que je me sois toujours trompé. Mais que j'aie pensé ce que j'ai pensé, au temps où je l'ai pensé, vérité ou erreur : cela est et il sera toujours vrai que je l'ai pensé. Jamais à aucune époque, il ne pourra devenir faux qu'à tel jour, qu'à telle heure, telle opinion vraie ou fausse, telle idée conforme ou non aux choses, s'est offerte à moi. Ainsi dans l'idée la plus fugitive, dans le jugement le plus faux et le plus vite rejeté, quelque chose d'impérissable, d'absolu, se trouve enfermé. Quelque effort que je fasse, je ne puis me persuader qu'il soit un jour vrai de dire que ce qui a été, que ce qui m'a paru être, n'a pas été, ne m'a pas semblé exister. Ici le doute expire impuissant. Il est vrai que ce n'est point encore une vérité positive que

nous tenons, et nous sommes peu instruits lorsque
notre savoir se borne à connaître que si nous nous
trompons, notre erreur dépend de quelque chose
d'absolu et qu'il sera éternellement vrai que nous
nous sommes trompés. C'est une faible consolation
pour celui à qui la vérité se dérobe de penser que
s'il en est ainsi, il est vrai aussi pour toujours,
qu'à un moment donné, la vérité s'est cachée
à lui ; car s'il n'y a pas pour lui de doute sur
ce qu'on pourrait appeler l'éternité des conditions de son erreur, cela toutefois ne l'amène
pas à la reconnaître et ne lui permet pas de s'en
guérir.

Certes, nous n'avons point ici un moyen infaillible de discerner les opinions vraies des fausses,
mais sera-ce n'avoir fait aucun progrès que d'avoir
rencontré à la base de tout jugement, fût-il erroné,
un fondement de vérité? Est-elle donc si peu signi-
ficative la constatation que nous venons de faire ?
N'est-ce rien que d'avoir reconnu qu'une chose
du moins échappe au doute, si formelle, si peu
représentative qu'elle paraisse ?

Considérons de plus près cette affirmation de
vérité. Jamais, disons-nous, il ne se pourra que ce
qui a été vrai ou faux, mais du moins pensé par
nous, cesse d'avoir été l'objet de notre représentation. Qui nous l'affirme? Nous-mêmes. Où en avons-

nous la preuve? Il faut bien l'avouer, en nous-
mêmes seulement.

Supposons, un instant, qu'on veuille nous ôter
cette certitude et que ce qui nous apparaît comme
indéniable soit mis en cause.

D'où viendra un si profond changement et comment concevons-nous qu'il puisse s'effectuer? On
ne peut l'expliquer par un acte qui serait nôtre,
puisqu'un tel acte ne peut être conçu par nous
que comme conforme à notre nature. On ne saurait donc lui demander, à lui issu de nous, de
nous détruire nous-mêmes. Des choses radicalement distinctes de nous, opposées peut-être à ce
qui fait notre essence, pourraient d'une manière
inexplicable, mais réelle, porter atteinte à cette
foi en la permanence des lois souveraines dont
dépend notre représentation. Ce sont ces choses
non définies et qu'il serait contradictoire de vouloir comprendre qui constituent le péril dont toute
certitude semble menacée. Si ce que nous pensons
n'était qu'un jeu, résultat éphémère du concours
de ces choses entre elles ; si l'intime des choses
restant toujours hors de la connaissance, nous ne
pouvions saisir les lois, s'il en est, qui président à
ces jeux, alors nous serions bien obligés de ne
considérer ce que nous nous représentons à un
moment donné que comme un état transitoire,

sans racines dans le passé, sans fruit possible dans
l'avenir. Alors aussi, nous serions dupes d'une
étrange illusion, lorsque nous croyons à la durée
des principes qui gouvernent la connaissance et à
travers lesquels, en définitive, nous apparaissent
ceux qui tiennent la nature dans leur obéissance.
Lorsque, attribuant à ce qui n'est qu'une manière
d'être passagère, une valeur durable, nous la ratta-
chons à des règles qui la dépassent, nous nous
exagérons la véritable étendue de notre être. C'est
notre représentation actuelle qui, par une singulière hallucination, nous apparaît là où elle n'est
point, se prolongeant à l'infini dans les perspectives d'un avenir qui ne sera pas et se devançant
elle-même dans les lointains d'un passé qui, lui
non plus, ne fut jamais. Ainsi placée entre deux
miroirs parallèles, la lueur d'un flambeau se reflète
un nombre infini de fois et nous pouvons croire
que de nouveaux flambeaux s'allument et que, toujours plus loin, se forme un nouveau foyer. Cependant la source lumineuse est unique et lorsque
nous croyons qu'elle se régénère et se renouvelle,
c'est toujours la même, mais dont l'éclat, sans
cesse, s'amoindrit et s'éteint, qui paraît et repa-
raît à nos yeux. Sommes-nous aussi le jouet de
quelque décevant mirage et ce qui nous semble
avoir préparé notre vie, comme aussi ce qui nous

paraît devoir la continuer n'est-il qu'une multiplication d'images, la réalité tenant tout entière
dans un présent qui lui-même n'a pas de durée ?

Et si l'on observe qu'ainsi comprise notre existence manque de continuité, que ce n'est plus une
chaîne, mais que ce sont des anneaux épars, cela
n'est point une réponse décisive puisque, après
tout, chacun des moments d'une pareille existence
se suffit à soi-même et que, n'y eût-il eu qu'un
seul de ces moments, ç'aurait été assez pour créer le
rêve d'une vie tout entière.

Il faut donc choisir. Ou il y a quelque chose
d'étranger à nous-mêmes, et c'est de là peut-être
que nous recevons à chaque instant la vie, mais
alors nous ne sommes pas seulement privés d'une
exacte connaissance de ces choses, nous ignorons
encore qui nous sommes. Cet état qui est le nôtre,
que dans le présent nous appelons nous-mêmes,
un jour viendra où (chose inintelligible, chose
monstrueuse pour la pensée) au regard de ce qui
sera alors, il n'aura même pas été une apparence
pour nous. La vérité du fait, même comme simple
fait, est ainsi mise en doute; il n'y a plus aucun
refuge pour la certitude, non pas même dans ce
que les sceptiques les plus résolus n'avaient pas
osé mettre en question.

Ou bien, au contraire, la certitude est quelque

chose de plus qu'un mot et nous nous croyons
parfois en possession d'une vérité absolue. Peut-
être n'est-ce aucune de nos idées ou représentations particulières, peut-être n'est-ce aucun jugement positif qui jouit de cette autorité près de
nous. Peut-être, pour rendre l'affirmation aussi
peu concrète que possible, n'est-ce que cette simple
assurance que toujours il sera vrai que ce qui nous
parut être nous a paru être. Quoi qu'il en soit, être
certain, c'est déclarer qu'en s'apercevant dans le
passé comme en se projetant dans l'avenir, la
pensée n'est point dupe d'apparences mensongères,
mais qu'elle use d'un droit incontestable, parce
que, si loin qu'elle aille, elle ne sort pas de son
domaine, parce que, si fausses que puissent être
nos opinions particulières, les lois dont elles
dépendent sont impérissables et que, pensant qu'il
y a de telles lois, nous participons nous-mêmes à
leur sereine existence.

Nous n'avons pas prouvé que l'homme soit en
possession de la certitude. Nous savons du moins
que le plus léger doute sur l'exacte correspondance
des termes dans l'affirmation suffit à détruire notre
confiance en la vérité du jugement. Et ce n'est pas
seulement de leur conformité actuelle qu'il s'agit.
Il n'y aura pour nous certitude que si, ni dans le
passé ni dans l'avenir, nous ne pouvons apercevoir

ni imaginer rien qui soit capable de séparer ce que
nous avons uni. Quelque chose de certain se trouverait d'ailleurs au fond de tout jugement si, à
l'instant même où je doute, je ne puis me défendre
de penser qu'il est vrai, d'une absolue et indes-
tructible vérité, qu'en ce moment je doute.

A quel prix puis-je acquérir cette certitude ?
Existerait-elle dans l'hypothèse où, les choses lui
étant étrangères, l'esprit croirait pourtant les connaître telles qu'elles sont ? Pourrait-elle se concilier
avec une doctrine qui tiendrait la connaissance
pour une résultante et la ferait redevable d'une
partie de ses caractères aux choses et du reste à
l'intelligence ? Ou bien n'exclut-elle pas toute
intervention autre que celle de la pensée même
dans la représentation et dans le jugement ?
L'examen de ces questions nous conduira à conclure qu'en dehors de la vérité morale en laquelle
se résume l'idéalisme, il n'y a point de fondement
de la certitude.

XII

Il n'y aurait pas certitude si la vérité devait pénétrer dans
l'esprit comme de dehors. Car, ou l'esprit est simple et il
ne peut rien recevoir, mais doit tirer tout de lui-même,
et cette hypothèse se confond avec l'idéalisme ; ou l'esprit
est une résultante et la stabilité n'en peut être assurée.

Ce qui est peut-il m'apparaître tel qu'il est ?
Oui, à ce qu'il semble, et c'est alors que ma pensée
est vraie et que j'y adhère pleinement. Car si je
pouvais supposer que les choses ne sont pas telles
qu'elles me paraissent, aussitôt, suspendant mon
jugement, je soumettrais tout à un nouvel examen.
Mais comment naîtra en moi une conviction si
ferme que je ne songe même plus à la discuter et
qu'elle soit, à mes yeux, définitive ? Une vérité
venue de dehors ne l'apportera pas en pénétrant
dans l'intelligence. L'esprit n'ira pas non plus la
chercher parmi les choses pour l'introduire ensuite
dans son propre sein. En effet, ces deux actes sont
également impraticables et inintelligibles. En outre,
que la vérité soit un don gratuit et que nous ayons
seulement la peine de la recevoir, ou qu'il nous
faille nous emparer d'elle à nos risques et périls,

nous n'en jouirions jamais en sécurité et toujours
menacés d'être troublés dans notre possession,
nous ne pourrions pas prouver par titres authen-
tiques la légitimité de nos droits.

La vérité n'est point par elle-même, abstraction
faite de la connaissance que nous en avons. Mais
il n'est pas impossible d'imaginer qu'elle consiste
dans le rapport que soutient avec l'intelligence
l'objet qui se découvre à elle et se laisse voir
comme à nu. Lorsque les caractères essentiels des
choses se révéleraient à nous, l'idée que nous
nous en ferions serait vraie, c'est-à-dire telle que
les choses elles-mêmes, si l'on pouvait concevoir
qu'elles en eussent communication, ne la désa-
voueraient pas et s'y reconnaîtraient.

Il y aurait bien lieu de demander à quel signe
l'esprit sera averti qu'il est en présence d'une si
fidèle représentation des choses et la question ne
laisserait pas d'être embarrassante. Mais sans énu-
mérer, ni discuter ici les différents criteriums de
la vérité entre lesquels il faudrait pourtant choisir,
admettons que l'esprit s'est fortement attaché à
un jugement dont il affirme la vérité et dont il se
déclare certain. Quelle que soit l'histoire de l'affirmation, elle n'en est pas moins un acte de l'esprit.
Or, cet acte peut-il ne rien retenir de son origine,
peut-il ne rien contenir qui ne vienne de l'objet ?

Autant dire alors qu'il ne se distingue pas de l'objet lui-même. Mais que devient la vérité ? Il n'y a plus connaissance exacte de ce qui est ; il n'y a même plus du tout connaissance. Des deux termes de l'affirmation un seul subsiste et le jugement disparaît.

Restituons donc l'esprit dans son rôle nécessaire. Il a une part dans l'existence de la vérité. Il accueille l'idée et la reconnaît conforme à l'objet. Mais ne peut-il pas involontairement, à son insu, déformer les traits des choses en les rassemblant et n'en avoir ainsi qu'une idée fausse ?

On ne réussit à dissiper cette crainte qu'en éliminant de l'esprit tout ce qui pourrait mettre dans ses représentations quelque élément qui ne serait pas dans les choses. D'ailleurs il ne doit pas être moins impuissant à retrancher qu'à ajouter. Il est bien la règle de plomb qui docilement s'applique sur la muraille et en moule tous les creux comme tous les reliefs. La fonction est humiliante peut-être ? mais la vérité vaut bien quelques sacrifices. A qui voudrait se régler soi-même il resterait toujours la ressource de se tromper.

Et cependant si l'intelligence est faite pour la vérité, l'erreur ne vient pas d'elle et ne se produit pas sur son terrain. Mais voilà ce dont nous ne devons plus douter : « L'esprit est fait pour con-

naître ce qui est. » Nous ne suspectons plus sa
sincérité et nous le considérons comme absolument
conforme à la réalité qu'il ne traduit pas à notre
usage, mais dont il nous fait lire le texte original.

Le postulat est d'importance ; on peut aussi
l'entendre de deux manières. Ou l'esprit a une
existence propre, mais du même ordre que celle
des choses et, étant de leur famille, on ne doit
point s'étonner s'il leur ressemble et s'accorde
avec elles. Ou bien il n'a pas d'autre réalité que
celle d'un produit ou d'une résultante et l'on comprend sans peine que, né des choses qu'aujour-
d'hui il s'emploie à connaître, il ait été par elles
formé à leur image. Si c'est la première interprétation qu'on adopte, l'esprit semble bien apte à se
faire une idée vraie des choses. Mais, comme elles
sont de leur côté et lui du sien, il ne peut pas plus
entrer en relation avec elles qu'il ne peut en
éprouver le besoin. Ayant une existence séparée
et distincte il ne doit rien qu'à lui-même. Car, en
faisant pénétrer en lui quoi que ce soit qui vienne
du dehors, on lui ôte son indépendance et son être
même ; alors, dans sa réalité complète, il n'est plus,
mais se fait sans cesse, et nous tombons dans la
seconde hypothèse. Ainsi il ne pourra ni sortir de
lui-même, ni livrer l'accès de la conscience à ce
qui n'est pas lui. A quoi cela lui servirait-il d'ail-

leurs, si, parfaitement semblable à tout ce qui
existe, il n'a qu'à étudier sa nature pour y trouver,
sinon sans effort, du moins sans déplacement,
autant d'idées vraies qu'il lui plaira d'en chercher?

Dans ces conditions l'homme peut atteindre à
la certitude, tandis qu'il aurait dû y renoncer si
l'esprit avait été entouré de choses hétérogènes à
lui ou incomplètement pénétrables à son action.
Mais en quoi une semblable doctrine diffère-t-elle
de l'idéalisme? En ce qu'elle admet des choses qui
ne sont pas l'esprit? Mais cette supposition est
inutile, nous venons de le faire voir. Elle est
indémontrable, car c'est à ma pensée même qu'en
dernière analyse, j'ai foi lorsque je veux qu'il y
ait hors d'elle des êtres tels qu'elle les conçoit.

Qu'adviendrait-il si, au contraire, la pensée était
issue des choses? Ne contenant rien qui ne vînt
d'elles, s'adaptant parfaitement à un milieu qui la
régénérerait sans cesse, elle serait, semble-t-il,
préservée de tout désaccord grave avec la réalité.
Non seulement la certitude devient possible, mais
elle paraît presque inévitable.

Cependant elle est directement menacée. Quel
fond pouvons-nous faire sur notre pensée, si elle
n'est qu'un point de rencontre pour des éléments
divers et comme un lieu d'échange où la seule loi
durable serait celle d'un continuel renouvellement?

Peut-être reflète-t-elle avec une scrupuleuse fidé-
lité l'état des choses qui ont participé à sa formation. Mais celles-là sont-elles toutes les choses ? Et
plus simplement, se sont-elles données tout entières
à la pensée qu'elles ont engendrée ? ou n'ont-elles
pas plutôt conservé jalousement pour elles le
meilleur et le plus réel d'elles-mêmes ? Qu'elles
n'aient rien réservé, j'y consens ! Nous ne sommes
pas plus avancés. Car, dès que les choses subsistent
par elles-mêmes, n'ayant point su d'abord jusqu'où
il fallait aller pour les connaître en leur entier,
nous ne pourrons jamais dire, à coup sûr, que notre
exploration est terminée. Nous arriverons bien à
constater que notre connaissance ne peut dépasser
telle limite, mais non à observer que plus loin il
n'y a rien à connaître. Quelle est la valeur de nos
représentations ? Quel en sera le sort ? Incomplètes
et infidèles copies des choses, demain elles auront
péri sans laisser de traces et, devenus nous-mêmes
incapables de les comprendre, nous les trouverions,
si le hasard nous les offrait de nouveau, mons-
trueuses et inintelligibles.

Assujetties à des lois, les choses ne mettraient
pas en péril la stabilité du savoir ; elles donneraient
à l'esprit une constitution fixe et durable ; elles
communiqueraient aux règles de la représentation
l'immutabilité dont elles seraient elles-mêmes

douées. Ce serait le salut pour la certitude. Mais,
dans la pensée dérivée des choses, ces lois n'appa-
raîtraient qu'à titre de faits dont elle constaterait
empiriquement la présence. Car de dire que ces
lois se sont d'abord imposées d'elles-mêmes aux
choses et y ont exercé une action souveraine
avant même qu'elles fussent connues de nous, ce
serait vouloir se placer, en quelque sorte, dans les
choses, se mettre à leur point de vue -- et cela ne
nous est manifestement pas permis.

On peut, il est vrai, n'accorder aux rapports des
faits entre eux qu'une valeur relative et s'affranchir
ainsi de la contradiction qu'il y aurait à ne se
réclamer que de l'expérience et à instituer en même
temps des lois absolues et éternelles.

Mais des lois qui sont elles-mêmes des faits ne
prétendent plus à un droit de souveraineté impres-
criptible. Toutes relatives, sinon à l'individu, du
moins à l'humanité, en quoi l'emporteraient-elles
sur les autres faits généraux de la vie de l'espèce ?
La science n'est plus qu'un événement, de longue
durée peut-être, mais qu'il y aurait naïveté à ne
point tenir pour passager. Dans notre état d'esprit
actuel nous n'avons ni le désir, ni les moyens de
procéder à la critique de ce fait. Mais un jour peut
venir — ce semble, — où, comme aujourd'hui nous
analysons les institutions sociales du passé, ainsi

on examinera avec la curiosité qu'on a pour les
choses mortes, ce que notre présomption appelle la
science, ce que, mieux inspirés, nous nommerions
notre savoir, simple épisode peut-être dans l'histoire
de l'humanité.

L'esprit ne peut donc ni prendre, ni recevoir la
vérité toute faite. La similitude de l'idée et de
l'objet est à jamais invérifiable. Toujours exposée
à se défaire, la vérité n'existe plus, même dans
l'acte le plus formel de l'entendement, et cela suffit
à ébranler nos plus solides convictions.

Il est vrai qu'en considérant l'esprit comme un
être distinct des choses, mais homogène à elles,
ou en l'envisageant comme un produit de leur concours entre elles, nous avons laissé aux objets (sauf
dans le cas où la première hypothèse se confondrait
avec l'idéalisme) le soin de créer tout ce qu'il y a
de réel dans la connaissance. Or on peut concevoir
que la pensée joue un rôle moins effacé et moins
passif. Rien n'empêche d'admettre, par exemple,
que la vérité soit due à la collaboration de l'esprit
et des choses, celles-ci apportant les matériaux
variés de la représentation, celui-là leur imposant,
en vertu de sa constitution propre, des lois invariables, règles infaillibles du jugement et principes
de la vérité.

XIII

Si la connaissance était l'œuvre mixte de la pensée et des choses, la part de chacun des facteurs dans le produit ne pourrait être faite et toute affirmation dépassant le phénomène présent serait illégitime.

D'ailleurs, toute tentative pour faire tracer les limites de la pensée par la pensée même est contradictoire.

Si la représentation est une chose mixte, elle nous est d'abord donnée comme un fait complexe, mais comme un fait. Autrement ce ne serait plus sur l'œuvre commune de l'esprit et des choses que la pensée porterait, mais elle s'appliquerait originairement soit à l'esprit pur, soit aux choses prises en soi et encore intactes. La doctrine que nous examinons répudie précisément l'une et l'autre opinion.

Elle pourrait, sans absurdité, soutenir qu'au phénomène ainsi défini s'arrête la connaissance, et condamner comme stérile toute recherche tendant à faire la part respective de l'intelligence et des choses dans la production de ce phénomène. Mais si cette prudente réserve met ceux qui s'y réfugient à l'abri de toute réfutation, c'est parce qu'ils

se dérobent ainsi à toute discussion, renoncent au
concept même de la vérité et abandonnent désormais l'espoir de se procurer aucune certitude. Et
l'on peut trouver alors que leur scepticisme n'est
pas encore assez complet ; car, comment s'assurent-
ils, en ne sortant point du fait, que celui-ci a une
double origine ? et pourquoi n'admettent-ils pas
tout aussi bien qu'il vient d'une seule source ou
qu'il en a, au contraire, une infinité?

Pour n'être pas tout de suite incompatible avec
la certitude, il faut donc que cette explication de la
connaissance nous autorise à faire, avec rigueur,
le départ entre les apports des choses et la mise
engagée par l'esprit lui-même dans la société qui
s'est formée entre eux. Le seul énoncé du problème
en laisse déjà pressentir toute l'obscurité. « Etant
donné un produit, à bien le prendre, toujours
momentané, déterminer les traits essentiels de ses
facteurs. » Si encore on savait que ces facteurs
sont de même ordre ! Mais on ignore première-
ment combien il y en a et, pour être franc, on ne
sait même pas s'il y en a plusieurs. Et c'est de la
considération attentive de quelques faits que l'on
attend une réponse claire et décisive à de si nom-
breuses et à de si délicates questions !

Essayons donc de découvrir dans les faits la
trace de l'action constante et uniforme de l'esprit.

Est-ce aux ressemblances trouvées entre les faits
que nons reconnaîtrons la marque de l'intelligence?
Mais on ne voit pas pourquoi les choses ne seraient
pas tout aussi aptes que l'esprit à mettre sur les
phénomènes une empreinte durable. Dans cette
sorte d'addition, puis de comparaison des faits, on
ne trouverait point d'ailleurs le droit d'étendre au
delà des cas sur lesquels l'observation aurait porté
les conclusions générales qu'elle nous aurait sug-
gérées. C'est donc d'une autre méthode qu'il faut
s'inspirer et, sans s'occuper plus longtemps à enre-
gistrer, puis à confronter les phénomènes, on
démêlera dans n'importe lequel d'entre eux des
caractères que notoirement il n'a pu recevoir de
dehors et qui trahissent ainsi la participation active
de la pensée à la représentation. L'expérience suppose donc des conditions qui la dépassent. Elle
subit des lois qui, toujours prêtes à s'appliquer en
de nouveaux cas, établissent la continuité de la
vie et realisent l'unité de la conscience.

Avant d'adhérer à toutes les conséquences qu'on
ne manquerait pas de déduire de ces principes,
nous aurions à éprouver les raisons par lesquelles
on justifierait, sans doute, chacune des lois *a priori*
de la représentation dont on nous fournirait la
liste. Mais c'est un travail que nous pouvons nous
épargner. Aucune loi *a priori* ne peut, en effet,

être dégagée par de semblables procédés. Comment, si l'expérience n'est qu'une résultante, peut-on, en ne s'aidant que d'elle seule, définir ce qu'il y a de durable en elle? Ou les faits sont vraiment des faits et l'on ne peut sans méconnaître leurs caractères y voir ce que l'on déclare soi-même n'être pas un pur fait. Ou bien il y a dans les faits deux éléments bien distincts et aisément séparables ; mais alors le phénomène n'est plus mixte, il est double, il est un assemblage de choses indépendantes qui se rapprochent et se juxtaposent sans s'unir. L'esprit sera, si l'on veut, l'un de ces éléments ; il pourra se connaître et se définir. Les choses seront l'autre ; mais ne se mêlant pas à l'esprit, elles lui demeureront inconnues dans leur nature et il ignorera même si elles sont. Si l'expérience est une combinaison, ne demandons pas plus longtemps aux faits ce qu'ils ne peuvent enfermer ; n'y cherchons rien d'universel ni de premier.

Tout ce que nous pourrons constater , c'est qu'ils ne nous paraissent pas explicables sans de certaines conditions; mais ce n'est encore là qu'un fait et qui ne saurait nous conduire au delà de lui-même. Et quand on parviendrait à démontrer que l'esprit façonne la connaissance et à dire comment il y travaille, on se serait simplement donné un

démenti à soi-même. Car le sujet ne pourrait se
connaître ainsi tel qu'il est que s'il se dégageait, à
ses propres yeux, des liens des choses ; et dans cet
acte il n'y aurait — ou bien nous serions dupes, —
aucune intervention de ce qui n'est pas l'esprit.
Non seulement i' est toujours requis pour cela que
le sujet se prenne lui-même comme objet, mais
encore il faut que, de ce qui le constitue lui-même
rien n'échappe à sa vue. Que le plus petit coin de
son être lui reste fermé, et le dernier mot sur son
rôle dans la connaissance ne lui est pas donné.

Sommes-nous maintenant, grâce à cette déroga-
tion aux principes de la doctrine, plus près de la
certitude ? Non. Nous savons comment l'esprit est
fait ; mais les choses ne sont point par là tenues de
s'accorder avec lui. Et si l'on objecte qu'elles l'ont
toujours fait jusqu'ici, nous dirons que cela ne
prouve pas qu'elles doivent continuer à le faire. Bien
plus, que savons-nous si elles ne nous donnent point
le change en paraissant recevoir ses lois ? Cela équi-
vaudrait pratiquement à une obéissance sans réserve
dans le passé et dans le présent, ou du moins dans
ce que nous en connaissons. Soit ; mais cela n'en-
gage pas l'avenir. Il faut suspendre notre jugement,
voilà l'inévitable conclusion.

Quoi qu'ils fassent, ceux qui s'obstinent à mettre
l'esprit en présence de ce qui lui est étranger ne

peuvent vaincre le doute et s'interdisent même de comprendre le fait de connaissance le plus élémentaire. Vous posez, pourrions-nous leur dire, une unité en face d'une pluralité radicale : vous n'en tirerez jamais la pensée aux déterminations intermédiaires, à la fois unes et plurielles. En tant que la pensée s'applique aux sensations successives, elle y apporte son unité ; mais il reste autant de sensations qu'auparavant, toutes semblables de la même manière, en cela seulement qu'elles ont été données à la conscience, toutes diverses par ailleurs. On n'a fait aucun progrès ; il n'y a pas pénétration réciproque de l'esprit et des choses. Point de groupes ni de genres. Point de pensée.

Ce qu'il faut à la représentation, ce sont des sensations diverses, sans doute, mais déjà semblables, de telle sorte qu'en s'appliquant à elles, la pensée trouve son œuvre préparée et puisse ainsi connaître les choses comme diversement semblables et diversement différentes. Ce n'est pas moi seulement qui suis semblable à moi-même, car je ne le saurais même pas. Pour que je connaisse des similitudes, il est nécessaire que je ne sois pas le témoin immuable d'un changement radical et sans trêve : ce serait le même lien qui rattacherait les uns aux autres tous nos états et, par définition n'étant aucun d'eux, il ne se présenterait jamais à mes regards. Si

l'on ne veut pas que les objets, en proie à la dispersion, répugnent à entrer dans la conscience, on sera
bien obligé d'avouer qu'en eux-mêmes subsistent
des analogies et que l'identité, non contente d'être en
nous, est aussi au fond des choses. A l'esprit la sensation doit s'offrir, non comme l'occasion d'un travail stérile qui s'exercerait en vain à la mettre en
œuvre et qui, glissant toujours sur elle, n'en enta-
merait pas la surface ; mais bien comme une riche
matière qu'il dépend de nous de féconder et qui
n'attend que d'y être sollicitée pour produire au jour
tous les trésors de vérité et de beauté qu'elle ren-
ferme en son sein. Mais si chaque sensation et
chaque élément de sensation est comme l'ébauche
d'une pensée et recèle comme un esprit latent, on
comprend que les choses puissent collaborer entre
elles et coopérer toutes ensemble avec nous. Ceux
qui mettaient les ressemblances dans l'être même
et les faisaient plus durables que les choses particulières n'avaient donc pas tort. Tout conspire en effet,
et la plus réelle des choses est aussi la plus générale, étant l'idée des idées, l'unité synthétique des
êtres, l'esprit par excellence. Et pourtant, dans cet
ensemble où tout s'harmonise, chaque élément con-
serve ses caractères propres et vit d'une existence
distincte. Enfin ils ne se trompaient pas non plus
ceux qui soutenaient que toute similitude est intel-

ligible et qu'elle n'est rien de plus qu'un objet de pensée ; mais il y a de l'intelligible partout et les bornes de la pensée ne se rencontrent nulle part.

Assigner des limites à notre faculté de connaître, c'est compromettre la certitude ; mais, de plus, il y a contradiction à vouloir indiquer où s'arrête ce pouvoir et à circonscrire le domaine où il s'exerce d'une manière légitime. C'est admettre en effet que l'on peut savoir où expire le savoir. C'est prétendre parler avec certitude de ce qui dépasse la pensée comme devant rester toujours en dehors et au delà d'elle. On ne trace les frontières de l'espace que dans l'espace lui-même. On n'arrête le cours du temps qu'en le prolongeant. Si l'on tente d'endiguer la pensée, elle se recueille un instant, puis surmonte l'obstacle, et la barrière qu'elle s'est opposée à elle-même ne sert bientôt qu'à rendre son flot plus sonore et plus impétueux.

XIV

Le doute ne disparaît que si, l'esprit ne relevant que de lui-
même, toutes choses relèvent de lui. — Mais l'acte par
lequel la pensée se connaît et s'affirme, dépasse la nature
et institue pour celle-ci l'obligation de s'élever au-dessus
d'elle-même. — L'idéalisme, garant de la certitude, repose
donc sur l'affirmation de l'ordre moral.

Des trois voies qui s'ouvraient d'abord devant
nous, deux nous sont maintenant fermées. Nous ne
donnerons jamais notre assentiment sans réserve à
une vérité venue de dehors. Une vérité née de
l'union de l'esprit et des choses ne serait pas mieux
fondée à exiger que nous la reconnaissions et ne
s'imposerait pas davantage à notre confiance. Et
ce n'est pas seulement de l'exactitude de nos représentations considérées comme images de la réalité
que nous devrions douter. On sait déjà que la
logique pure également chancelle, quand le principe d'identité est ébranlé. Or, si l'esprit n'est pas
seul, ce principe n'est plus garanti. Environnée de
choses étrangères, l'intelligence en subit peut-être
à tout instant l'action perturbatrice. Ce qu'elle est
à chaque moment diffère peut-être essentiellement

de ce qu'elle était au moment précédent et du sujet
de la proposition à l'attribut, le passage n'est plus
légitime. Bien plus, qui dira si ces choses n'obs-
curcissent pas l'idée que la pensée se fait de la
pensée et si, croyant se saisir dans le présent, ce
n'est pas le fantôme d'elle-même qu'elle étreint?

Avoir écarté deux de trois hypothèses que l'on
pouvait faire, c'est, semble-t-il, avoir démontré la
dernière. Ce que l'on ne contestera pas, du moins,
c'est que l'idée même d'une certitude, conçue
comme l'exclusion de toute raison de douter, est
incompatible avec les doctrines que nous avons
examinées. Mais cela n'établit pas qu'elle doive
nécessairement se concilier avec la troisième hypothèse. Il nous reste donc à le faire voir. A cela
d'ailleurs se réduit notre tâche puisque nous
n'avons pas entrepris de prouver l'existence de la
certitude, nous limitant à en déterminer les conditions.

Dans la sensation même, il n'y a ni vérité, ni
erreur. Ces notions n'apparaissent qu'avec le jugement. Toute proposition peut — nous l'avons dit,
— s'énoncer sous la forme « Cela est », c'est-à-dire
« cela est *pour moi* et n'est *pas que pour moi* ».
Les propositions analytiques n'échappent pas à cette
réduction. Leur vérité suppose, en effet, que le moi
qui a pensé le sujet est identique à celui qui pense

l'attribut et qu'ainsi les deux représentations engagées dans le jugement n'existent pas seulement
chacune *pour soi*, mais sont aussi l'une et l'autre
autrement que pour soi. Ne voilà-t-il pas une théorie de la vérité objective et qui, loin de servir
notre cause, va nous ramener à la première hypothèse? Il n'en est rien.

Lorsque je déclare que ce qui est pour moi n'est
pas seulement pour moi, il ne s'agit pas, en effet,
d'attribuer au sujet de l'affirmation une existence
absolue qui le placerait en dehors de toute représentation. Où trouverais-je jamais la preuve qu'il
jouit d'une telle existence et comment pourrais-je
même en parler, sans la mettre, en quelque façon,
devant mes yeux et la transformer immédiatement
en manière d'être relative à moi? A la vérité, le
terme dont je me sers est équivoque. Le moi qui
n'est pas le seul pour lequel existe le sujet de l'affirmation, c'est simplement moi dans le temps où
ce sujet m'est donné, c'est uniquement ce qu'il
y a de mien dans la représentation, tant qu'elle se
confond avec ce sujet. Dire que *cela* n'est pas
seulement pour moi, c'est donc dire que *ce* n'est
pas seulement en tant que donné. Au lieu que
je signifie que *cela est pour soi*, tout au contraire
mon affirmation équivaut à cette proposition
« *cela n'est pas que pour soi* ». Or, comme il a

déjà été observé que je ne puis parler de ce qui serait
en soi, *cela* ne peut à la fois être pour autre chose
que pour soi et ne se rattacher à rien qu'à soi-
même. Il reste que *cela* soit *pour moi* et non plus
dans le premier sens, où ce ne serait que ma représentation, mais dans un nouveau sens et en tant
que cela devient pour moi un double objet. Autant
dire que la vérité de tout jugement suppose que
le sujet est *deux fois pour moi*. Encore faut-il que
ce soit le même moi à qui les deux sujets sont
donnés. Car s'il n'y avait pas identité de la pensée,
la coïncidence des deux termes ne serait plus assurée. Or cette identité ne se constatera évidemment
pas dans l'état antérieur qui, en tant que fait, ignore
absolument l'état à venir. La trace fidèle de ce
premier état ne se retrouvera pas davantage dans le
fait nouveau qui n'est plus le passé et, en le rete-
nant, a pu le défigurer.

L'hésitation n'est plus permise. Au fond de tout
jugement que je porte se cache un « Je suis absolument et rien n'est que pour moi ». C'est aller
loin peut-être. Mais le moyen sans cela de sauver
la certitude ?

A y regarder de près, on verra que la foi en
l'assertion la plus formelle est un aveu de l'éternité
de la pensée puisque l'acte d'unir les termes ne
peut appartenir à la durée et que, procédant à cet

acte, je ne suis plus moi-même dans le temps.
C'est donc à tort que l'on confondrait telle représentation avec moi. Elle est bien à moi. Mais elle
ne m'épuise pas. Sans moi elle n'est pas ; mais,
comme d'autres peuvent être en moi, mon être, à
ce point de vue, ne dépend pas de celle-là.

La sécurité d'une conviction réclame impérieuse-
ment l'existence absolue de ma pensée. Que les
conditions les plus hautes de la représentation ne
puissent changer, voilà bien le postulat de toute
certitude. Et comme c'est en nous que cette affirmation de stabilité doit se produire pour nous
affranchir du doute, par là il y a donc toujours,
dans celui qui est certain, quelque chose d'absolu
et d'identique aux lois éternelles des choses. Car
si nous pouvions croire que cette assurance n'est
que relative, le doute reparaîtrait incontinent,
faisant évanouir tout espoir de certitude. Nous
voici donc au-dessus des faits. La nature est dé-
passée, mais en un acte où néanmoins elle apparaît,
puisque si nous n'avons pas le droit de poser une
vérité concrète et particulière, nous trouvons
pourtant dans la forme pure de la certitude le
plus riche des contenus. Je me trompe peut-être
sans cesse ; mais s'il y a une certitude, la pensée
ne varie pas et tout lui est à jamais subordonné.
Mais alors il sera éternellement vrai que mes états

ont été ce qu'ils ont été, et voilà du coup la nature
entière sauvée de la destruction, élevée bien au-
dessus de cette existence fragmentaire, successive
et éphémère qui serait le lot des faits conçus
comme de purs faits, voilà la nature qui, à proprement parler, commence à être et qui, se trans-
figurant dans l'idée d'elle-même, va pouvoir prétendre à d'immortelles destinées. Rien n'est certain
encore et pourtant tout est assuré. Tout ce qu'il
y a d'individuel et de particulier reçoit la vie de
la pensée universelle et trouve en elle un fond
d'être et de vérité. A ce point de vue, rien ne périt
et tout est vrai, en un sens, dans la proportion
même où il est, c'est-à-dire dans la mesure de ce
qu'il y a d'universel en lui.

Je me présente ainsi à moi-même sous un triple
aspect. Je ne me distingue pas d'abord de ma sensation ; mais là je ne puis pas dire que je sois
vraiment et ce n'est encore que la matière et la
possibilité de moi-même. Puis les sensations
s'unissent et déjà je suis, mais n'étant que leur
témoin, je demeure contingent comme elles et rien
ne prouve qu'elles puissent se survivre ni que je
doive durer au delà d'elles. Il y a idée, si l'on
veut, mais il n'y a pas vérité, et mon être ne se
dégage pas encore de la nature. Enfin j'affirme
l'immutabilité des conditions des faits, j'y trouve

un fondement de vérité et d'inébranlable confiance ; et dans l'idée vraie de la nature, je me
découvre une troisième fois, non plus comme
puissance ou comme fait, mais comme être. Et ce
ne sont point là trois états séparés qui ne feraient
que se superposer. Car si, logiquement, je dois
envisager le possible avant le réel, il faut pourtant
que je sois pour m'apparaître comme possible.
Mon existence empirique a donc pour condition
mon existence pure. La sensation n'est point par
elle-même puisqu'elle ne se distingue de ce qui
n'est pas elle que si elle en est rapprochée ; or,
comment s'acquitterait-elle de cette fonction sans
être quelque chose de plus qu'elle-même ? Les
sensations puisent l'être dans une idée et les idées
à leur tour dans une autre idée. Va-t-il y avoir
progrès à l'infini ? Il faudrait pour le craindre
oublier que l'être ne monte pas de la sensation à
l'idée, mais qu'il descend de l'idée à la sensation
ou plutôt que la sensation apparaît par la vertu de
l'idée. Nous sommes placés au centre ou ne sommes
pas. Nous n'avons pas à nous chercher nous-mêmes,
car nous chercher ce serait être, c'est-à-dire avoir
déjà trouvé. L'idée et l'être coïncident. La certitude
est assise. Mais cet ordre de vérité repose sur un
ordre moral ou mieux n'en est qu'un aspect.

Je puis être, je deviens, je suis. Si je suis cer-

tain, c'est que l'autorité de la pensée est pour moi
supérieure à tout et ne peut en aucun cas être
mise en péril. Or la pensée, c'est l'être même. Donc
devenir vaut mieux que ne pas participer à l'être.
Etre l'emporte sur devenir. Si je suis certain, je
ne constate pas l'être comme un fait, je l'affirme,
je le pose et, lui accordant la plus haute valeur,
je fais de la pensée en laquelle il s'incarne la fin
dernière des choses. Du sein de la nature surgit
l'idée. Mais la fleur qui vient d'éclore n'est point
née d'une matière informe. Ici d'autres fleurs se
sont épanouies avant elle, étalant avec orgueil les
splendeurs de leur corolle, embaumant l'air de
leur parfum. Mortes aujourd'hui, leurs débris
forment le sol où s'est nourri le nouveau germe
et y entretiennent encore la douce chaleur indispensable à la vie.

De la vie seule vient la vie ; de la pensée, la
pensée. Au principe des choses est déjà l'esprit et
l'essentielle fonction de l'être est de ramener tout
à l'unité de la conscience. Le bien comprendre,
c'est déjà s'y appliquer. Il y a donc un devoir.
L'obligation morale était enveloppée dans la certitude.

En distinguant le bien du mal, en opposant la
nature à la surnature, ne rétablissons-nous pas
sous d'autres noms l'antagonisme de l'esprit et

des choses que nous avons énergiquement ré-
prouvé ?

Notre faute serait lourde, si nous mettions entre
la nature et la pensée une différence absolue.
Mais n'avons-nous pas dit, au contraire, que la
nature même n'existe que dans son idée ? Loin
donc que la pensée et la nature aient à se fuir,
elles sont toujours associée et l'acte moral consiste à rendre la nature plus vraie en l'idéalisant
sans cesse, non à la détruire et à la nier, mais à
la développer et à l'achever. Est moral l'acte qui
confère à la nature l'être véritable et la hausse à
l'impassible existence de la pensée. Le mal est
donc tout négatif étant dispersion et désunion.

L'hypothèse de choses qui, extérieures à l'esprit,
pourraient porter atteinte à son intégrité est donc
bien inutile comme elle est inconcevable et contradictoire. La faisant, nous ne pouvons même pas
l'exprimer. Les mots désignent nos idées et, parlant de choses qui nous seraient tout à fait étrangères, invinciblement nous nous les représentons
et nous tournons nos armes contre nous-mêmes.

Je ne sais ce que c'est d'exister, si exister n'est
pas être tel que ce que je suis. Comment celui
pour qui la lumière brille et qui n'a jamais vécu
dans les ténèbres pourrait-il parler de la nuit ?
Celle-ci ne peut être pour lui qu'un jour moins

vif ou moins pur, et toutes les fois qu'il tente d'en dire quelque chose ou même d'y songer, c'est comme une atténuation du jour qu'il l'imagine, c'est encore par la lumière qu'il la conçoit, c'est à la lumière enfin qu'il emprunte toute la réalité qu'il lui donne.

───────

CONCLUSION

XV

Unité de la spéculation et de l'action. — Penser c'est agir. — Cette doctrine, loin de conseiller l'abstention, est seule capable de nous encourager à agir, en donnant à la vie un sens et une valeur. Mieux qu'une autre, elle explique la charité sans faire tort à la justice. Elle se concilie avec toutes les vérités morales.

La morale nous avait conduits à l'idéalisme. De l'idéalisme, condition de la certitude, seul capable d'assurer à l'homme la connaissance de la vérité, nous venons d'être ramenés à la morale. Y a-t-il cercle vicieux ? Oui, si nous croyons avoir démontré deux vérités différentes qui, tour à tour, auraient été appelées à se garantir l'une l'autre. Non, s'il n'y a là pour nous qu'un seul et même principe dont nous aurions successivement éclairé le double aspect.

Se peut-il donc que ce soit tout un de connaître et d'agir ?

Mais je ne sais rien si j'ai reçu mon être et ne me le suis pas donné. Que valent mes idées, quelle confiance puis-je avoir en elles si j'ignore d'où elles viennent, où elles vont, ce qu'elles sont au fond ? Je puis bien encore me heurter aux choses, mais non pas en pénétrer l'essence et voici que, pour moi-même, je suis condamné à demeurer toujours une énigme. Si, au contraire, c'est de moi que je suis né, alors plus de mystère en moi. L'obscurité pourtant ne se dissipe que si mon être s'étend plus loin encore et, ne laissant subsister rien hors de son empire, projette partout la lumière, mortelle aux révoltes et aux trahisons.

Mais je ne puis rien si mes forces sont d'emprunt, si mon énergie n'est pas mienne. Que valent mes actes, quel mérite ai-je eu à les faire si je ne sais quelles en sont les causes lointaines, les causes véritables ? L'illusion d'agir, je la conserverai peut-être encore ; mais ni les choses n'obéissent à mon effort qui n'en rencontre que la surface, ni moi-même je ne suis vraiment mon maître. Au contraire est-ce de moi que je tiens ma volonté ? Alors je veux vraiment. L'affranchissement n'est complet pourtant que si mon vouloir est plus puissant encore et si, souverain sans partage, il ne peut même pas craindre qu'un mensonge de liberté lui déguise sa réelle servitude.

Ainsi ce ne serait pas assez d'être spectateur des faits pour les connaître ; ce ne serait pas assez de communiquer l'action pour la faire. Tant qu'il est en face des choses ou au milieu d'elles, l'homme ne sait pas, il n'agit pas. La liberté n'est pas moins nécessaire à la science qu'à la morale. Pour toutes les deux, la pensée est l'auteur d'elle-même et des choses. Chez celui qui fait le bien la foi est invincible en la valeur de son acte. Au fond de lui, ne serait-ce que dans la pureté de l'intention, vit quelque chose qui ne périra pas, qui ne peut pas périr. Ou c'est que le bien pourrait cesser un jour d'être le bien : la distinction qui est l'âme de la morale ne serait donc pas juste.

Mais connaître la vérité, ce n'est pas non plus porter un jugement qui n'aurait qu'une valeur provisoire et pourrait un jour devenir faux. Dans la connaissance vraie, comme dans l'action bonne, est enfermé quelque chose d'absolu, ou bien l'accès du savoir est interdit à l'homme et il n'y a pas pour lui de certitude.

La connaissance rejoint l'action, ou plutôt l'une et l'autre procèdent d'une même origine. Quelque opinion que l'on ait de notre aptitude à la science, on ne peut nier que penser c'est agir. Même si les objets existent en soi, les connaître c'est s'être avancé vers eux et avoir reçu leur empreinte. C'est être sortis de nous-mêmes et avoir retenu, nous être incorporé quelque chose d'eux. Mais de quel droit porter la main sur les choses, si nous ne sommes convaincus que, pour elles, mieux vaut être connues, que, pour nous, mieux vaut connaître ?

Dira-t-on que la représentation ne dépend pas de nous? Passe pour l'intuition élémentaire, pour la sensation brute. Mais le jugement exige un acte et l'on peut se refuser à l'accomplir : ne pouvons-nous pas douter et n'y a-t-il pas eu de tout temps des sceptiques? Affirmer ou nier, raisonner, travailler au développement de la science, tout cela demande un effort, réclame réflexion et suppose l'aveu, au moins tacite, de la valeur morale du savoir. Ainsi s'abaissent les frontières qui séparaient la spéculation de la pratique.

La vie morale n'est que la continuation et l'achèvement de la vie pensante et celle-ci n'apparaît que comme la préparation de celle-là. C'est bien selon le même rhythme qu'elles se déroulent et s'ordonnent.

Eparses, les sensations ne sont pas encore. En l'idée, elles s'assemblent et deviennent ; mais c'est en une synthèse plus haute qu'elles participent à l'être et l'idée des idées consacre seule avec leur vérité leur réalité.

Ainsi l'action isolée est impuissante et il faut la

conspiration des volontés pour rendre chacune
d'elles efficace. Mais tout cela n'est encore que
l'apparence de l'acte et le présage du bien. La vie
humaine et sociale ne vaut que comme l'expression d'une existence plus haute encore ; elle n'est
bonne que si elle se consomme dans la divine
unité de l'esprit.

Toutefois l'idéalisation de la nature ne peut se
faire que d'une façon appropriée à la nature elle-
même. En elle doivent donc se trouver les moyens
de son amendement et de son progrès. L'acte
moral, loin d'être un pur symbole, est affranchissement réel quoique toujours incomplet.

Ce qu'il y a de particulier, de contingent, de
passager, en un mot, est mauvais. De là la profonde immoralité de l'égoïsme. Mais si imparfaite
que soit la nature, elle est capable de devenir meilleure, à mesure qu'elle est plus humaine et que
notre action s'exerce davantage dans le monde, à
mesure qu'elle est plus divine et que la pensée
s'épure davantage en nous. Telle qu'elle est, elle a
assez de valeur pour mériter la peine — naturelle
d'ailleurs, — que nous coûte l'action. Il est vrai
qu'il reste toujours quelque chose à faire. Mais
n'avoir pas commencé, c'est n'avoir pas eu la vraie
foi au bien et à la liberté, puisque c'est avoir cru
que la nature n'est pas susceptible d'être délivrée

et, conséquemment, que la liberté n'est pas tout.

Nous n'avons donc pas abouti à une philosophie
paresseuse qui nous immobiliserait dans la contem-
plation de nous-mêmes et nous murerait dans
une tour d'ivoire. Le sens commun ne la désa-
vouera pas, surtout si, mieux qu'une autre, elle
explique la pratique des différents devoirs et
donne un sens à notre conduite morale. Une autre
doctrine n'y réussirait pas et ne parviendrait
même point à justifier l'action.

En effet, sans l'unité fondamentale des êtres,
sans la certitude que nous avons de leur parenté
avec nous, comment pourrions-nous nous permettre d'agir sur autrui ? Si nos semblables sont
des substances closes, comment saurons-nous que
leur loi (peut-être incompréhensible pour nous)
ne vaut pas mieux, pour eux, que celle que nous
leur proposons ? Pourrons-nous même entrer en
commerce intime avec eux ? L'interprétation des
signes et la confiance au témoignage exigent plus
qu'une analogie lointaine entre les hommes et ne
peuvent se passer d'une véritable identité.

A un autre point de vue d'ailleurs, les relations
entre eux et nous deviennent impossibles. Nous
nous sommes déjà expliqué sur ce qu'il faut
penser de l'usage de la force. L'emploi de la
contrainte, sévèrement proscrit par tout le monde,

ne va plus être seul condamné. Le droit de persuader nous sera même enlevé et il ne sera plus permis de chercher à convaincre. Que sais-je si le devoir n'est pas pour les autres radicalement différent de ce qu'il est pour moi? N'ai-je pas à redouter qu'en les détournant d'agir selon leur conception de la vie, je ne leur cause un dommage irréparable? Et modifier cette conception, n'est-ce pas leur ravir le plus précieux de leurs biens?

Dans cette hypothèse, la pratique du devoir devenant impossible, la moralité par excellence consisterait à ne plus agir, à se ramasser, en quelque manière, sur soi-même, à se désintéresser de tout, pour se cantonner dans la forme pure d'un vouloir qui — nous l'avons établi déjà, — ne serait même pas assuré d'être lui-même.

Ce n'est pas à cette sorte de renoncement et d'abdication que la morale doit aboutir. Ce n'est pas là non plus que notre doctrine nous conduit. Si la réalité est une en droit, nous voilà du même coup autorisés à agir! S'il nous suffit de descendre assez profondément en nous pour y découvrir le type du Bien, l'hésitation est vaincue; car nous savons ce que nous devons faire, sachant ce qui doit être. La confiance avec laquelle nous envisageons la vie, les espérances que nous pourrons désormais mettre en elle ne vont-elles pas s'accroître

de toute la certitude de la valeur de nos actes ?
Ouvriers d'une œuvre immortelle, ne nous senti-
rons-nous pas remplis d'enthousiasme, en compre-
nant toute la dignité de notre être et en
découvrant tout à coup notre propre grandeur ?
Ce que les choses sont en droit, c'est pensée, c'est-
à-dire unité Faire le bien, c'est ramener le monde
à la pensée. Réduire les choses à l'unité, c'est en
faire une synthèse non externe et abstraite, mais
interne et vivante : tel est le but de l'acte moral.
Pour qui croit au devoir, la réalité est pensée qui
agit et se connaît ou pensée qui sommeille et doit
être rappelée à elle-même.

L'action a donc un sens et une valeur. Faire
pénétrer peu à peu la conscience ou mieux la
réveiller dans les parties les plus obscures et les
plus inertes ; solliciter doucement le germe qui y
dort à se développer et à se créer une vie plus
intense, plus complète et plus haute, voilà le rôle
de l'homme, voilà sa raison d'être. Moyen terme
entre la liberté et le mécanisme, il donne une
direction à la vie. Il est saint et impur dans sa
complexité. Mais grâce à l'élément concret qui le
constitue comme nature, son intention ne peut
rester purement idéale et doit, sous peine de n'être
pas vraiment l'intention bonne, entraîner un acte
et s'incarner dans la matière de la moralité.

Mais comment travailler à mettre l'unité autour de nous si nous ne l'avons tout d'abord mise en nous? Comment étendre dans le monde l'action de la pensée si celle-ci ne règne déjà toute-puissante en nous? De là, la maxime de nos devoirs envers nous-mêmes : il faut que nous ne nous laissions pas ressaisir par la tyrannie des appétits qui nous démembre et tend à introduire la division dans notre propre sein. Il faut que la partie supérieure de notre être domine toujours et que tous nos actes n'aient pour fin que la conservation et l'affermissement de cette liberté intérieure, de cette indépendance qui nous élève, pour ainsi dire, au-dessus de nous-mêmes. Il faut, en un mot, que l'esprit seul commande et que la chair obéisse.

Après avoir ramené la vie individuelle à l'unité de la raison, il reste à ramener la diversité des individus à l'unité de la même pensée et du même amour par une libre participation, par une coopération spontanée au triomphe du bien. De là, la formule de nos devoirs envers nos semblables : il faut les traiter comme nous-mêmes et effacer dans nos actes toute différence subs ntielle entre eux et nous. Ce qui justifie l'existence de la société, c'est l'unité plus haute à laquelle elle correspond. Ce qui rend beau et bon le sacrifice de l'individu à elle, c'est que la société est plus moi-même que moi. Autrement le sacrifice serait absurde et immoral : il y aurait autant de vertu dans l'acte par lequel je prépare ma jouissance de demain, au détriment du plaisir d'aujourd'hui, que dans l'abandon que je fais de ma vie à la patrie ou à l'humanité. Car je ne sais jamais si je recueillerai le fruit de mon abstention. Le plus égoïste peut n'avoir pas travaillé pour lui-même, s'il a fait de faux calculs et s'il n'est plus là quand vient l'échéance. Mais aller vers les autres, ce n'est point sortir de moi, c'est y descendre à une plus grande profondeur.

Si nous ne craignions d'être téméraire, nous dirions aussi que peut-être l'ordre moral s'étend plus loin qu'on ne suppose d'ordinaire, que tout ce qui a part à la vie peut réclamer, à proportion du degré de conscience qu'il possède, un peu de notre respect et de notre amour. Rien ne nous serait indifférent de tout ce qui existe, s'il n'y a rien qui ne doive son être à la pensée et qui ne puisse attendre d'elle un plus entier développement de soi, une perfection plus haute, une plus noble nature. Pourquoi refuserions-nous de tendre la main à ceux qui, moins favorisés que nous, ont aussi plus d'efforts à faire étant plus éloignés du but ? Et s'il ne nous est pas défendu d'espérer pour nous-mêmes le secours d'une puissance tutélaire, ce que nous recevons ne nous indique-t-il pas ce que nous devons donner ?

Comme un ferment puissant agit sur tout ce qu'il touche et communique à tout sa propre nature, se multipliant dans les choses qu'il transforme et leur donnant à leur tour la vertu qu'il recélait ; ainsi la volonté consciente, véritable ferment du monde, doit faire pénétrer partout la pensée et susciter de toutes parts des activités semblables à elle-même. Et pour cela point de laborieuses recherches, point de savants calculs. La sincérité naïve d'une conscience droite est l'or sans alliage qui peut racheter le monde. Il ne faut qu'une seule volonté bonne pour que l'action du bien ne périsse pas dans la nature. Un juste suffit à sauver le monde d'une perte éternelle.

La morale sociale, comme la morale individuelle, s'accorde donc pleinement avec notre système. La morale religieuse, à son tour, n'y trouvera rien qui lui soit contraire. Car, si le principe de toute religion est que la divinité a créé l'homme à son image et qu'elle ne cesse d'être en rapport avec lui, n'avons-nous pas fondé la morale sur une vérité religieuse, en disant qu'il nous suffit de rentrer dans l'intime de nous-mêmes, pour y découvrir, en notre nature raisonnable, la trace ineffaçable laissée par Dieu en nous ou, mieux, le témoignage de sa continuelle présence ?

Vu et lu,

En Sorbonne, le 2 mars 1894,
par le Doyen de la Faculté des Lettres de Paris.

A. HIMLY.

Vu et permis d'imprimer :

Le vice-recteur de l'Académie de Paris,

O. GRÉARD.

TABLE

XII

XIII

XIV

CONCLUSION

XV

EVREUX IMPRIMERIE DE CH. HÉRISSEY

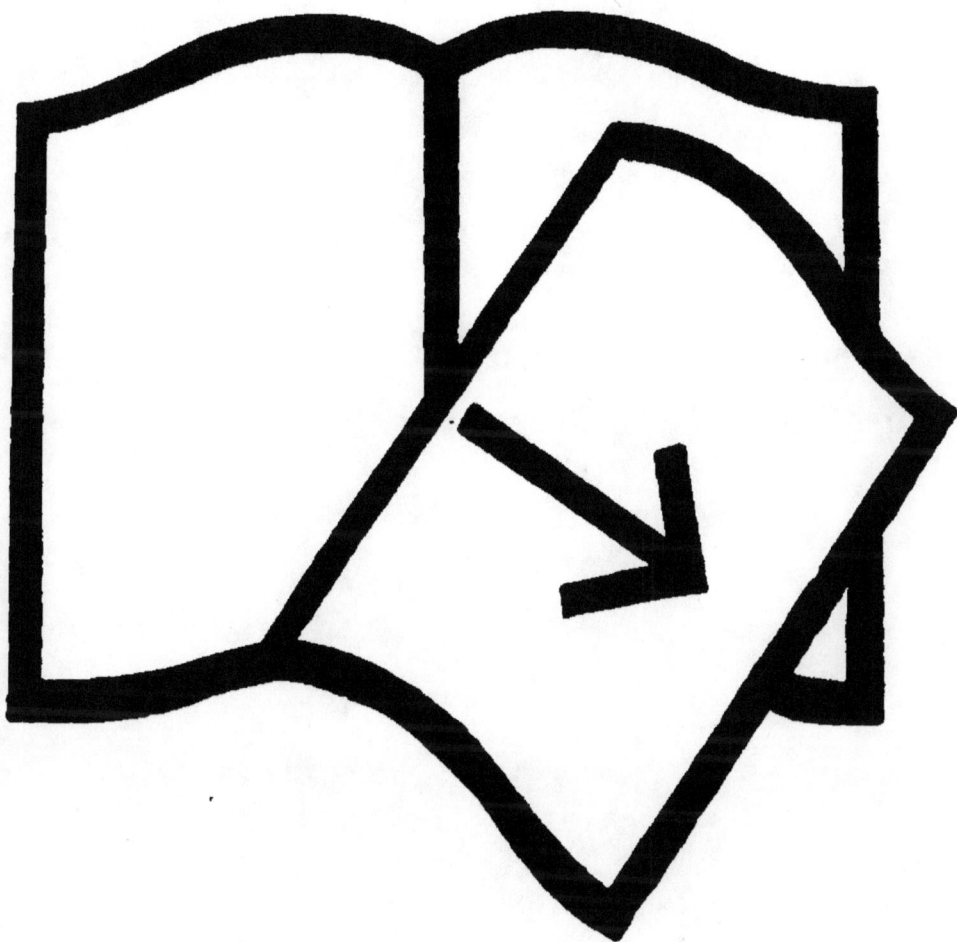

Documents manquants (pages, cahiers...)
NF Z 43-120-13

www.ingramcontent.com/pod-product-compliance
Lightning Source LLC
Chambersburg PA
CBHW060431090426
42733CB00011B/2233